Osez bien manger

Nathalie Verret, nutritionniste

MODUS VIVENDI

L'éditeur tient à remercier les personnes et les compagnies suivantes pour leur participation à la création de cet ouvrage.

Propriétaires des cuisines : Josée Boissonneault et Josée Desrochers

Photographe des portraits : Thierry Quenette

Modèles :
Alexis Carron-Lamontagne, Corinne Cousin Rousselot-Pailley, Émilie Houle, Emmanuel de Gouvello, Emmanuel Dumais, Ève Brodeur, Hélène Lamoureux, Marguerite Verret, Pamela Dupaul, Samuel Sévigny et Valérie Ladouceur

Prêts d'accessoires :
Renaud-Bray
4380, rue Saint-Denis
Montréal (Québec) H2J 2L1
Tél. : 514 844-2587

Stokes inc.
4278, rue Saint-Denis
Montreal (Québec) H2J 2K8
Tél. : 514 849-9924

© 2009 Nathalie Verret pour le texte
© 2009 Les Publications Modus Vivendi inc.

LES PUBLICATIONS MODUS VIVENDI INC.
55, rue Jean-Talon Ouest, 2e étage
Montréal (Québec) H2R 2W8
Canada

Directeur éditorial : Marc Alain
Designers graphiques : Catherine et Émilie Houle
Photographe : André Noël
Styliste culinaire : Simon Roberge
Réviseure linguistique : Andrée Laprise
Relecteur : Guy Perreault

Dépôt légal - Bibliothèque et Archives nationales du Québec, 2009
Dépôt légal - Bibliothèque et Archives Canada, 2009

ISBN 978-2-89523-623-8

Nous reconnaissons l'aide financière du gouvernement du Canada par l'entremise du Programme d'aide au développement de l'industrie de l'édition (PADIÉ) pour nos activités d'édition.

Gouvernement du Québec - Programme de crédit d'impôt pour l'édition de livres - Gestion SODEC

Imprimé en Chine en Octobre 2010

Je dédie ce livre à mon
petit trésor Samuel.

Préface

de Louise Lambert-Lagacé

Photographe : Michel Guertin

Osez bien manger

Le manque de légumes dans notre assiette fait la une. Les fruits servis au dessert nous inquiètent. La présence de grains entiers ou de pois chiches n'encombre pas nos menus. Le sodium ne cède pas sa place aux fines herbes. Les gras trans se faufilent dans les pires aliments. Les probiotiques demeurent de célèbres inconnus. Les controverses autour du soja et du lait font couler beaucoup d'encre mais n'améliorent en rien la qualité de notre alimentation. Pas surprenant que les questions fusent de toute part pour connaître la vraie valeur des aliments.

Par ailleurs, la profusion d'émissions et de livres de recettes ne semble pas suffire à la demande... Casseroles en main, on hésite encore à cuisiner le poisson, les légumineuses ou le tofu, faute d'habiletés culinaires ou de jolies recettes faciles à réaliser. Et malgré un souci généralisé pour une alimentation équilibrée, on hésite à associer le plaisir de manger à un repas santé. Ça me désole. J'aime célébrer les mariages réussis entre saveur, plaisir et santé.

C'est pourquoi j'ai accepté avec joie de préfacer l'ouvrage de Nathalie Verret. La première raison se devine facilement : j'ai aimé le livre *Oser bien manger*. Je trouve qu'il dégage une fraîcheur et une originalité et qu'il répond fort bien à la quête d'information crédible sur la nutrition. La seconde raison souligne mon appréciation pour l'enthousiasme, la persévérance et le souci du travail bien fait de l'auteure.

Je connais Nathalie Verret depuis 2002 et je trouve cette nutritionniste exceptionnelle. Sa passion pour la nutrition, la qualité de ses travaux et son empathie pour les personnes qui la consultent ne se démentent jamais. Son livre reflète cet engagement à améliorer les habitudes alimentaires de la génération de gens pressés et son souci de leur faciliter la vie. Même si elle admet ne pas être une cuisinière émérite, elle partage ses secrets de maman motivée et de clinicienne avertie.

Voilà pourquoi le livre *Oser bien manger* peut faire une différence. On y trouve non seulement des menus alléchants mais des conseils pratiques pour cuisiner en toute simplicité et une touche de nutrition pour dorloter sa santé. Chaque menu commence par une liste de marché; chaque recette se prépare en moins de 30 minutes; chaque plat a une valeur nutritive gagnante; chaque repas a une dose adéquate de protéines et une belle présence de légumes et de fruits. J'y ai trouvé des idées nouvelles pour popoter des poissons familiers : truite à la Dijonnaise, tartare de saumon, mini-pizza au thon, linguini aux fruits de mer. J'y ai également trouvé de jolies recettes de tofu, de lentilles et autres haricots qui donnent le goût de croquer dans ces aliments jusqu'ici méconnus.

Pendant que les plats mijotent, la seconde partie du livre foisonne d'informations précieuses comme un guide d'utilisation des fines herbes, un thermoguide sur la durée d'entreposage des divers aliments au frigo, au congélateur et au garde-manger, les principales sources alimentaires de fibres ou de fer, un abécédaire des fruits exotiques et j'en passe. L'auteure ne se faufile pas derrière les questions brûlantes d'actualité, traite aussi bien des antioxydants que du mercure dans les poissons, des aliments bio, des bons et des mauvais gras.

Vous comprenez pourquoi j'ai accepté avec joie de préfacer ce livre. Il ne me reste qu'à vous souhaiter bon appétit !

Louise Lambert-Lagacé, dt.p. C.M., C.Q.
31 juillet 2009

Table des matières

hmmm...

Nathalie Verret

Biographie

Nutritionniste clinicienne en milieu hospitalier spécialisé dans la prévention des maladies cardiovasculaires, elle aborde plus particulièrement les gens aux prises avec les problèmes d'obésité, de diabète, de problèmes cardiaques, d'hypertension et de haut taux de cholestérol. Elle a également exercé dans un centre de recherche sur les maladies lipidiques.

Elle dirige également depuis 2003 sa propre clinique de nutrition. Parmi sa clientèle, elle compte des entreprises qui réfèrent leurs gestionnaires dans un but de prévention ou de traitement de divers problèmes de santé, des gens du public qui consultent pour l'atteinte ou le maintien d'un poids santé, pour divers problèmes d'ordre digestifs, de diabète, pour l'hypoglycémie, pour l'intolérance au gluten, etc. D'autres voudront tout simplement introduire le végétarisme ou un équilibre alimentaire à leur menu. Lors de son plan d'intervention, elle tient compte de l'aspect psychologique et aborde le client d'une façon plus globale afin de favoriser les changements de comportements. Aussi, elle a à cœur la santé des jeunes enfants. C'est pourquoi elle a développé dans sa clinique un volet formation destiné aux intervenantes œuvrant dans les centres de la petite enfance de la région de Québec.

Remerciements

de l'auteure

petit trésor

Je remercie sincèrement pour leur contribution à ce livre :

Ma sœur Mona et mon beau-frère Luc qui sont des cuisiniers formidables et qui ont testé et apporté leurs commentaires et trucs pratiques pour toutes les recettes du livre.

Katryne, la fille de mon conjoint qui a eu l'ouverture d'esprit de goûter presque tous mes plats et qui a apporté de très bons commentaires.

Un grand merci à ma mère qui a su se montrer plus que disponible en tant que mère mais aussi en tant que grand-mère.

Plusieurs de mes amies, elles se reconnaîtront, qui ont eu la gentillesse de tester une ou deux recettes chacune et apporté plusieurs commentaires fort utiles.

Hélène Philippe, une amie de longue date, qui a révisé le livre et m'a fourni plusieurs remarques pertinentes.

Jean-François Marsolais, un collègue qui a bien voulu effectuer pour moi toutes les analyses nutritionnelles de mes recettes en un temps record.

Mme Louise Desaulniers, nutritionniste et auteure que je respecte beaucoup, qui a accepté si généreusement de faire une première lecture de mon manuscrit et m'a fourni d'excellents conseils.

L'équipe de Modus Vivendi qui a su par tout son professionnalisme et sa passion du métier rendre mon expérience d'auteure encore plus extraordinaire. Un merci particulier à mon éditeur Marc Alain qui a cru en ce project et a su le rendre à terme.

André Noël et Thierry Quenette pour leurs superbes photos ainsi que Simon Roberge pour le stylisme culinaire. Merci également à Catherine et Émilie Houle pour le magnifique design graphique du livre.

J'aimerais remercier tout spécialement Mme Louise Lambert-Lagacé, nutritionniste et auteure de renommée, qui, par son expérience et son expertise, a su me fournir des conseils en or dans la rédaction de cet ouvrage. Je la remercie sincèrement pour sa disponibilité, sa générosité et tout son support pour l'accomplissement du livre.

Et finalement je remercie Yves, mon amoureux et plus grand supporteur, qui a su me fournir tous les mots d'encouragement et l'appui dans la réalisation de ce projet.

Avant-propos

Osez bien manger

Les gens sont de plus en plus informés et s'intéressent à la nutrition. Pourquoi, alors, la plupart d'entre eux ont-ils de la difficulté à maintenir de bonnes habitudes alimentaires et s'imaginent-ils que cuisiner demande un temps infini et un don qu'ils ne possèdent pas ?

Depuis plusieurs années, force est de constater que nous avons perdu efficacité et confiance en nos moyens en cuisine. Et le prêt à manger et à servir ne peut qu'exacerber cet état de fait. Nos cuisines ne sont pas fonctionnelles, nos outils de travail sont quasi inexistants et le garde-manger est dégarni ou mal rangé. Malgré de bonnes intentions, on perd vite sa motivation.

J'espérais pouvoir vous faire retrouver le goût de cuisiner, même si vous avez peu de temps ou d'expérience. Il s'agit d'abord d'avoir les bons outils et les bons ingrédients. Pour ce faire, je vous propose en première partie des listes de produits à conserver au garde-manger, réfrigérateur et congélateur afin de ne jamais être pris au dépourvu. Et pour bien cuisiner, il faut être bien outillé. J'ai donc ajouté une liste des ustensiles indispensables pour vous simplifier la vie (sections 1 et 2).

Ensuite, je propose 21 menus (section 3), tous accompagnés d'une liste de marché et de réserve. Ces menus équilibrés et faciles à réaliser renferment des ingrédients sains. Ils ont été préparés pour vous assurer une bonne énergie tout au long de la journée et pour prévenir les maladies cardiovasculaires. À la section 4, j'ai ajouté quelques recettes supplémentaires de mets à congeler et la section 5 propose 14 déjeuners santé.

À la section 6, je propose 4 menus complets pour une semaine avec la liste de marché et de réserve pour chacun d'eux.

La septième section, la plus longue, vous permet d'améliorer vos connaissances sur les produits alimentaires et sur leurs effets sur la santé. On peut consulter cette section soit par nom (p. ex., Légumes), soit par numéro (p. ex., ♡4). Ces numéros apparaissent dans les listes d'ingrédients en réserve à la section 2 ainsi que dans les listes de marché aux sections 3 et 4. Ils vous permettent d'en savoir plus sur un ingrédient ou un produit en particulier. Enfin, la dernière section renferme les tableaux de conversion.

Je vous souhaite de remplir votre maison des mille et un parfums que ces menus vous offrent et de retrouver la fierté de goûter des plats savoureux et santé aussi souvent que possible.

À vos cuisines !

Section 1

**4 incontournables pour
cuisiner rapidement**

Ustensiles de cuisine suggérés

base...

4 incontournables

pour cuisiner rapidement

D'abord, faites vos réserves (voir section 2). Garnissez garde-manger, réfrigérateur et congélateur d'ingrédients de base (huile, farine, riz, pâtes, conserves, assaisonnement, œufs, etc.) dont vous aurez besoin pour les 21 menus proposés, mais aussi pour la cuisine de tous les jours. Vous constaterez qu'il est indispensable d'avoir une base d'ingrédients à la maison si vous voulez cuisiner facilement et compléter plus facilement vos listes d'épicerie.

Ensuite, videz les produits dans des contenants hermétiques bien identifiés et surtout accessibles. Par exemple, les contenants de farine, sucre, cassonade, etc., devraient être entreposés ensemble dans une même armoire. Dans une autre, vous pourriez placer les contenants de riz, couscous... et coller sur les parois les modes de cuisson. Disposez également les ustensiles de cuisine de façon pratique. Créez un environnement de travail efficace.

Planifiez les menus de la semaine. Commencez par quelques menus en vous servant de la liste de marché qui accompagne chacun des 21 menus ou encore utilisez l'une des listes de marché pour 1 semaine proposées à la section 7. Essayez de regarnir constamment votre garde-manger, réfrigérateur et congélateur avec les ingrédients de base proposés en réserve à la section 2.

Finalement, les ustensiles suivants vous faciliteront la vie. Gardez-les à portée de la main.

Ustensiles

de cuisine suggérés

Batteur électrique
(souvent accessoire du mélangeur à main)

Mélangeur (blender) ou mélangeur à main
(marques suggérées dans le reportage de l'émission
l'Épicerie [Radio-Canada 2007]
[Braun mr4050mca ou Cuisinart csb-77c])

Mandoline ou hachoir à légumes manuel
ou électrique facile d'entretien

Marguerite ou étuveuse pour la cuisson vapeur
des légumes

Cuiseur à riz

Râpe

Ouvre-boîtes

Presse-ail

Minuteur

Tamis

Économe

Couteaux bien aiguisés

Ustensiles de mesure
(cuillères et tasses à mesurer)

Passoire

Essoreuse à laitue

Plats en verre de différentes tailles pour cuisson
au four (format d'au moins 23 x 33 cm/9 x 13 po)

Chaudrons et casseroles de différents formats

2 planches à découper (une pour les viandes
et l'autre, pour les légumes afin d'éviter les contami-
nations croisées)

Contenants de plastique ou de verre pour
ranger les ingrédients secs

Contenants de plastique pour la congélation
ou la cuisson au micro-ondes

Moules à muffins

Plaques à cuisson

Bols à mélanger (culs-de-poule) de préférence
3 de différentes tailles

Petite plaque à pizza individuelle (on les
trouve chez l'épicier)

Section 2

Ingrédients de base en réserve
au réfrigérateur,
garde-manger et
congélateur

Thermoguide
(durée d'entreposage des aliments)

réserve...

Ingrédients de base

en réserve au **réfrigérateur**

LISTE D'INGRÉDIENTS

SOURCES DE PROTÉINES ET D'OMÉGA-3

- noix de Grenoble* sans écales, voir ⏱ 27
- œufs oméga-3 ** (facultatif)
- amandes hachées ou en tranches
- graines de sésame
- autres noix et graines au choix, voir ⏱ 27

SOURCES DE PROTÉINES ET CALCIUM

- yogourt pour le dessert, voir ⏱ 46
- mozzarella ou cheddar ferme allégés (à moins de 20 % de matières grasses [m. g.]), voir ⏱ 17

AUTRES SOURCES DE PROTÉINES

- beurre d'arachide naturel ***, voir ⏱ 5

DES SOURCES DE FIBRES, DE VITAMINES, DE MINÉRAUX ET D'ANTIOXYDANTS

- Fruits et légumes foncés riches en vitamines et minéraux, voir ⏱ 18 et ⏱ 23

Exemple

- poivrons rouges, verts ou jaunes, haricots
- tomates, carottes, fraises, kiwis, cantaloups
- laitues foncées, feuilles d'épinards ou bettes à carde
- Fruits et légumes riches en antioxydants, voir ⏱ 2

Exemple

- légumes de la famille des choux
- brocoli, épinards
- petits fruits des champs (bleuets, framboises...)
- fruits et légumes de saison pour leur saveur et leur fraîcheur ! (Voir le tableau 9, *Calendrier des récoltes*, à la section 7)

Saviez-vous que ?

* Les noix de Grenoble représentent une bonne source d'oméga-3. Toutefois, cet acide gras s'oxyde facilement. Ce qui donne un goût rance aux noix.

Achetez de petites quantités de noix sans écales à la fois et rangez-les au réfrigérateur dans un contenant hermétique. Elles se conserveront ainsi de 4 à 6 mois et jusqu'à un an au congélateur. On procède de la même façon avec les amandes ou les graines.

Info-santé

** Les œufs oméga-3 renferment une petite quantité d'oméga-3 de source végétale. Ils sont loin de combler nos besoins quotidiens, mais ils restent tout de même une source intéressante qui s'ajoute aux apports quotidiens.

*** La liste des ingrédients du beurre d'arachide naturel ne contient que des arachides, contrairement au beurre d'arachide industriel qui renferme du sel, du sucre et des gras trans. Une mince couche d'huile flotte sur le beurre d'arachide naturel. Bien mélanger avant d'utiliser et conserver au réfrigérateur une fois le pot ouvert.

LISTE D'INGRÉDIENTS

ET D'AUTRES INGRÉDIENTS POUR CUISINER

- ail
- sauce tamari légère ou sauce soja légère
- câpres
- racine de gingembre frais*, voir ⏱ 19
- moutarde à l'ancienne ou de Dijon
- jus de citron
- mayonnaise
- vin blanc pour cuisiner
- olives au choix ou cornichons à l'aneth
- relish sucrée
- beurre
- sauce de poisson**
- sirop d'érable, voir 🍎 38

Notes

* La racine de gingembre se conserve au congélateur voir ⏱ 19.

** La sauce de poisson se conserve très bien au réfrigérateur et foncit avec le temps.

Ingrédients de base

en réserve au **garde-manger**

Notes

* Achetez le tofu soyeux.

On retrouve le tofu japonais soyeux sous vide (en tetrapak) ou réfrigéré. On conserve le tofu sous-vide au garde-manger, ce qui est pratique. Si vous n'en trouvez pas, achetez le tofu soyeux réfrigéré au fur et à mesure de vos besoins. Il se conserve quelques jours à quelques semaines (s'il n'est pas ouvert). Vérifiez la date de péremption avant son utilisation.

** Conservation des huiles

Le thermoguide (voir plus bas) suggère de réfrigérer les huiles pressées à froid. Toutefois, on peut aussi les conserver au frais, sauf pendant les chaudes journées d'été, où il vaut mieux les réfrigérer.

*** Il est important de réfrigérer les huiles riches en oméga-3 comme l'huile de noix, de lin ou de chanvre. De plus, ces huiles ne doivent pas être chauffées car elles ne résistent pas à la chaleur.

LISTE D'INGRÉDIENTS

DES SOURCES DE PROTÉINES, VOIR 🍎 33 AVEC FIBRES ET MINÉRAUX

- lentilles vertes ou brunes en conserve (540 ml/19 oz), voir 🕑 24
- haricots rouges en conserve (540 ml/19 oz), voir 🕑 24
- tofu soyeux japonais scellé sous vide* (facultatif), voir 🕑 42

Exemple

marque MORI-NU™ ferme scellé sous vide

DES SOURCES DE PROTÉINES AVEC OMÉGA-3

- thon en conserve dans l'eau (170 g/6 oz), voir 🕑 31
- fèves soja rôties (facultatif), voir 🕑 15
- sardine ou maquereau en conserve (facultatif)

DES SOURCES DE PROTÉINES

- saumon en conserve dans l'eau (213 g/7,5 oz), voir 🕑 31 (avec oméga-3 et calcium, si vous mangez les arêtes)

DE BON GRAS POUR CUISINER, VOIR 🕑 25

- huile d'olive extravierge ou pressée à froid**
- huile de canola pressée à froid**
- huile de noix (facultatif)***

LISTE D'INGRÉDIENTS

DES SOURCES DE FIBRES, VOIR ⏱ 16 DE VITAMINES, DE MINÉRAUX ET D'ANTIOXYDANTS

- oignons jaunes (4 à 5 en réserve)
- pommes de terre à chair jaune*
  (une dizaine ou sac de 4,5 kg/10 lb)
- tomates en dés en conserve (796 ml/28 oz)

DES SOURCES DE FIBRES, VOIR ⏱ 16 DANS LES PRODUITS CÉRÉALIERS, VOIR ⏱ 32

Conservez-les dans des contenants hermétiques bien identifiés

- biscottes de grains entiers
- chapelure (facultatif) (variante menu 4), voir ⏱ 8
- couscous de blé ou de grains entiers
- farine de blé entier (2 kg/5 lb)
- flocons d'avoine ou de sarrasin ou de quinoa
- pâtes alimentaires de grains entiers
  (spaghetti, linguine et rotini)
- quinoa en grains (facultatif) (ou couscous)
- riz basmati brun
- riz blanc (basmati ou jasmin ou autre)
- son de blé ou son d'avoine**, voir ⏱ 16

FACULTATIF ET PRATIQUE

- farine de blé entier à pâtisserie (2 kg/5 lb)
  (voir section 4)
- riz sauvage
- riz brun
- orge mondé

Informations sur l'emballage

* Les pommes de terre à chair jaune sont particulièrement bonnes en purée. Les modes de cuisson qui conviennent sont indiqués sur les sacs de pommes de terre.

Info-santé

** Le son d'avoine est une fibre soluble qui diminue l'absorption du cholestérol sanguin ainsi que du sucre. Cette fibre est donc bénéfique pour les gens qui souffrent de diabète ou qui ont un taux de cholestérol élevé. Voir ⏱ 16.

LISTE D'INGRÉDIENTS

DES INGRÉDIENTS POUR CUISINER !

- bouillon de bœuf, voir ⏱ 7
- bouillon de poulet, voir ⏱ 7
- bouillon de légumes, voir ⏱ 7
- tomates déshydratées, voir ⏱ 43
- vinaigre balsamique
- vinaigre de riz
- sauce tabasco
- sauce worcestershire
- vinaigre de vin au choix, voir ⏱ 44
- bicarbonate de sodium (soda à pâte)
- poudre à pâte
- miel, voir ⏱ 26
- farine blanche tout usage (2 kg/5 lb)
- sucre (2 kg/5 lb)
- cassonade
- poudre de cacao non sucré
- vanille
- sucre en poudre (recette 2, section 4)
- sirop d'érable, voir ⏱ 38
- sel de table ou substitut, voir ⏱ 37
- sauce tomate en conserve (213 ml/7,5 oz)
- pâte de tomate (concentré de tomate) en conserve (156 ml/5,5 oz)
- jus de tomate en conserve (540 ml/19 oz)

LES ÉPICES ET HERBES SÉCHÉES VOIR ⏱ 13

- assaisonnement à l'italienne
- basilic
- cannelle moulue
- cari en poudre
- ciboulette
- cumin moulu
- curcuma
- feuilles de laurier
- marjolaine
- muscade moulue
- origan
- paprika
- piments broyés
- poivre
- sarriette
- thym

AUTRES

- thé vert ⏱ 2
- tisanes

LISTE DE PRODUITS UTILES

UTILITAIRES

- papier parchemin (facultatif) (pour la cuisson sans gras au four)
- papier sulfurisé (recette 8, section 4)
- caissettes en papier pour muffins (recettes 2 et 3, section 4)

Ingrédients de base
en réserve au **congélateur**

LISTE D'INGRÉDIENTS

SOURCES DE PROTÉINES POUR LES 21 MENUS

- filets de poisson surgelés
- crevettes ou fruits de mer surgelés au choix, voir ⏱ 12
- poitrines de poulet désossées surgelées ou congelées maison, voir ⏱ 9
- viande hachée maigre ou extramaigre (veau, bœuf, porc)
- restes de repas (bien identifiés)
- noix de Grenoble, voir ⏱ 27
- sauce végétarienne (recette 1, section 4)
- restes de poisson cuit (menu 7)
- pizza maison (recette 9, section 4)*

SOURCES DE FIBRES DANS LES PRODUITS CÉRÉALIERS

- Pains de grains entiers au choix (déjeuners, accompagnement ou sandwich) (blé, seigle, avoine)
- muffins anglais de blé entier (menu 1) ou autres pains au choix
- pâte à pizza de grains entiers ou pita de blé
- gâteau ou muffins aux courgettes (recette 2, section 4)*
- pain ou muffins aux bananes (recette 3, section 4)*
- riz brun ou sauvage cuit en portions (recettes, lunchs) (recette 4, section 4)*
- orge mondé cuit en portions (soupes) (recette 5, section 4)*
- abaisses de pâte à tarte au blé entier et sans gras trans (recette 7, section 4)*

LISTE D'INGRÉDIENTS

SOURCES DE FIBRES DANS LES FRUITS ET LÉGUMES

- légumes mélangés surgelés (soupes, potages ou sautés), voir ⏱ 23
- légumes que vous congelez en entier, avant qu'ils se détériorent, pour utiliser dans les potages ou les soupes rapides
- petits fruits des champs congelés maison ou surgelés, voir ⏱ 18
- compote ou sauce aux pommes maison (recette 10, section 4)*
- grains de maïs surgelés du commerce
- bananes bien mûres congelées, voir ⏱ 4
- potage à la courge musquée (recette 6, section 4)*
- tarte aux pommes (recette 8, section 4)*

POUR REHAUSSER VOS PLATS

- fines herbes au choix, voir ⏱ 13
- gingembre frais (racine), voir ⏱ 19

Notes

* Les aliments ou recettes qui réfèrent à la section 4 ne sont pas nécessaires pour composer les 21 menus. Ils permettent par contre de prendre de l'avance et de garnir le congélateur pour des repas ou desserts qui dépannent.

Thermoguide

Durée d'entreposage des aliments périssables
au **réfrigérateur** et **congélateur**

Aliments	Réfrigérateur	Congélateur
Abats	1-2 jours	3-4 mois
Agneau (côtelettes, rôtis)	3-5 jours	6-9 mois
Asperges	4 jours	1 an
Aubergines	7 jours	1 an
Bacon*	7 jours	1-2 mois
Betteraves	3 semaines	1 an
Beurre doux*	3 semaines	3 mois
Beurre salé	3 semaines	1 an
Bleuets entiers, frais	5 jours	1 an
Bœuf (steaks, rôtis)	3-5 jours	6-12 mois
Boulangerie (farine enrichie)	7 jours	3 mois
Brocoli	5 jours	1 an
Camembert, brie	3-4 semaines	•
Canneberges	2 semaines	1 an
Carottes	3 mois	1 an
Carottes nouvelles	2 semaines	1 an
Céleri	2 semaines	•
Cerises	3 jours	1 an
Champignons	5 jours	1 an
Cheddar	5 semaines	6 mois
Chou	2 semaines	1 an
Chou de Bruxelles, chou-fleur	6 jours	1 an
Concombre	1 semaine	•
Courges d'été, courgettes	1 semaine	1 an
Crabe cuit	1-2 jours	1 mois
Crème fraîche*	3-5 jours	1 mois
Crème glacée	---------	3 mois
Cretons, sous-vide*	3-5 jours	1-2 mois
Crevettes	1-2 jours	2-4 mois
Endives	3-4 jours	•
Épinards	4-5 jours	1 an
Farine de blé entier	3 mois	6-9 mois
Fèves au lard	3-4 jours	6-10 mois

Aliments	Réfrigérateur	Congélateur
Fèves germées	3-4 jours	•
Fines herbes	4 jours	1 an
Fraises, framboises fraîches	3-4 jours	1 an
Fromage bleu*	1 semaine	•
Fromage cottage, ricotta*	3-5 jours	•
Fromage fondu à tartiner*	3-4 semaines	•
Germes de luzerne, de soja	3 jours	•
Haricots jaunes et verts	5-6 jours	1 an
Huiles végétales première pression*	3-4 semaines	•
Huîtres dans leur coquille	2-3 semaines	•
Huîtres sans coquille	10 jours	2-4 mois
Jambon cuit (entier)	7-10 jours	1-2 mois
Jambon cuit (tranches)	3-5 jours	1-2 mois
Jus de fruits et de légumes*	1-2 semaines	1 an
Ketchup et marinades*	1 an	•
Lait*	3-5 jours	6 semaines
Laitue	1 semaine	•
Légumineuses cuites	5 jours	3 mois
Maïs entier	2-3 jours	1 an
Margarine*	1 mois	3 mois
Mayonnaise*	2 mois	•
Melon miel, cantaloup, melon d'eau	4 jours	•
Mets conditionnés sous-vide*	1-2 jours	2 mois
Mets congelés commerciaux	-----------	3-4 mois
Mets en casserole	2-3 jours	3 mois
Moules dans leur coquille	2-3 jours	•
Moules sans coquille	1-2 jours	3 mois
Moutarde préparée (ordinaire)	1 an	•
Moutarde préparée (forte)	9 mois	•
Navet	1 semaine	1 an
Noix	4-6 mois	1 an

Aliments	Réfrigérateur	Congélateur
Oignons verts	1 semaine	1 an
Œuf dans sa coquille	1 mois	•
Œuf dur	1 semaine	•
Œuf (blanc)	1 semaine	9 mois
Œuf (jaune)	2-3 jours	4 mois
Palourdes dans leur coquille	3-4 jours	•
Palourdes sans coquille	1-2 jours	3 mois
Panais	1 mois	1 an
Pâtes alimentaires cuites	3-5 jours	3 mois
Pâtés à la viande, quiches	2-3 jours	3 mois
Pâtisseries (avec produits laitiers et œufs)	3-4 jours	1 mois
Pétoncles	1-2 jours	3 mois
Piments doux (poivrons)	1 semaine	1 an
Poireaux	2 semaines	1 an
Pois, pois mange-tout	2 jours	1 an
Poisson fumé à froid	3-4 jours	2 mois
Poisson gras	1-2 jours	2 mois
Poisson maigre	2-3 jours	6 mois
Pommes (février à juillet)	2 semaines	1 an
Pommes (août à janvier)	6 mois	1 an
Porc (côtelettes, rôtis)	3-5 jours	4-6 mois
Potages, soupes	3 jours	2-3 mois

Aliments	Réfrigérateur	Congélateur
Prunes	3-5 jours	1 an
Radis	1 semaine	•
Raisins frais	5 jours	•
Rhubarbe	4 jours	1 an
Riz cuit	5-6 jours	6-8 mois
Riz brun	6-9 mois	----------
Sandwiches (tous genres)	1-2 jours	6 semaines
Sauces à la viande	3-5 jours	4-6 mois
Saucisses fraîches	1-2 jours	2-3 mois
Saucissons secs, entiers	2-3 semaines	•
Tofu	1-2 semaines	1-2 mois
Tomates	1 semaine	1 an
Veau (en rôti)	3-5 jours	4-8 mois
Viandes cuites (avec sauce)	3-4 jours	4 mois
Viandes cuites (sans sauce)	3-4 jours	2-3 mois
Viande fumée, charcuterie*	5-6 jours	1-2 mois
Viande hachée, en cubes, tranchée	1-2 jours	3-4 mois
Viandes cuites tranchées, sous-vide*	3 jours	1 mois
Volaille en morceaux	1-2 jours	6-9 mois
Volaille entière	1-3 jours	10-12 mois
Volaille cuite (avec sauce)	1-2 jours	6 mois
Volaille cuite (sans sauce)	3-4 jours	1-3 mois
Yogourt	2-3 semaines	1 mois

Notes

Tiré de www.mapaq.gouv.qc.ca/Fr/Consommation/md/Publications/thermoguide.htm (Agriculture, Pêcherie et Alimentation Québec), page consultée en janvier 2007.

* Les durées de conservation indiquées sont valables pour des contenants ouverts.

• Il est préférable de ne pas congeler ces aliments pour conserver le maximum de leur qualité.

La température du réfrigérateur doit être à 4 °C et celle du congélateur à –18 °C.

Thermoguide

Durée d'entreposage des aliments périssables
au **garde-manger**

Aliments	Température ambiante 20 °C (garde-manger)	Chambre froide 7 à 10 °C
Beurre d'arachide*	2 mois	
Bicarbonate de sodium (ou soda à pâte)	1 an	
Boulangerie (farine enrichie)	1 semaine	
Cacao	10-12 mois	
Café instantané	1 an	
Café moulu*	1 mois	
Céréales de type granola	6 mois	
Céréales prêtes à servir	8 mois	
Chapelure sèche	3 mois	
Chocolat à cuisson	7 mois	
Confitures et gelées	1 an	
Conserves	1 an	
Courges d'hiver	1 semaine	6 mois
Craquelins	6 mois	
Croustilles de pommes de terre*	1 semaine	
Farine blanche	2 ans	
Farine de maïs	6 mois	
Fines herbes séchées	1 an	
Fruits séchés	1 an	
Garnitures pour tarte	18 mois	
Gélatine	1 an	
Gelée en poudre	2 ans	
Gruau d'avoine	6-10 mois	
Huiles végétales	1 an	
Lait concentré en conserve	9-12 mois	
Lait concentré sucré en conserve	6 mois	
Lait écrémé en poudre*	1 mois	
Lait écrémé en poudre	6 mois	
Légumineuses sèches	1 an	
Levure sèche	1 an	
Mélanges à gâteaux	1 an	

Aliments	Température ambiante 20 °C (garde-manger)	Chambre froide 7 à 10 °C
Mélanges à pouding	18 mois	
Mélasse	2 ans	
Miel	18 mois	
Moutarde sèche	3 ans	
Noix en écale	1 an	
Oignons secs, jaunes	1 jour	3-4 semaines
Olives	1 an	
Pain (type baguette)	1-2 jours	
Pâtes alimentaires sèches	1 an	
Pâtes alimentaires aux œufs	6 mois	
Pectine en poudre	2 ans	
Pectine liquide	1 an	
Pommes de terre	1 semaine	9 mois
Pommes de terre nouvelles	•	1 semaine
Pommes de terre en flocons	1 an	
Poudre à pâte	1 an	
Riz blanc	1 an	
Rutabagas (cirés)	1 semaine	5-6 mois
Semoule	1 an	
Sirop d'érable, de maïs	1 an	
Soda à pâte (voir bicarbonate de sodium)	1 an	
Substitut de crème à café	6 mois	
Sucre	2 ans	
Thé	6 mois	
Vinaigre	2 ans	

Tiré de www.mapaq.gouv.qc.ca/Fr/Consommation/md/Publications/thermoguide.htm
(Agriculture, Pêcherie et Alimentation Québec), page consultée en janvier 2007.

Notes

* Les durées de conservation indiquées sont valables pour des contenants ouverts.

Section 3

**21 menus préparés
en moins de 30 minutes**

Les menus comptent
généralement 4 portions.

Certains en comptent davantage
afin de vous laisser quelques
restes à congeler ou pour
les lunchs de la semaine.

Au menu...

Menu 1 *menu express*

Mini-pizza savoureuse au thon
Petite verdure au balsamique
Coupe de fruits aux bleuets et framboises

4 portions
Préparation : moins de 30 minutes
Cuisson : 12 minutes

LISTE DE MARCHÉ

Repas principal et accompagnement

- 2 poivrons rouges, verts ou jaunes
- 1 laitue boston, voir ⏱ 36
- 3 champignons
- 1 oignon
- 2 grosses tomates fraîches
- 1 oignon vert, voir ⏱ 28
- 1 gousse d'ail, voir ⏱ 2
- 4 muffins anglais de blé entier ou
  4 autres pains de grains entiers au choix
- mozzarella allégée (125 ml/½ tasse), voir ⏱ 17

Dessert

- bleuets et framboises, voir ⏱ 18 et ⏱ 2

EN RÉSERVE

Repas principal et accompagnement

- 2 boîtes de thon en conserve dans l'eau
  (170 g/6 oz), voir ⏱ 31
- huile d'olive, voir ⏱ 25
- vinaigre balsamique
- miel liquide, voir ⏱ 26
- mayonnaise légère
- olives ou cornichons à l'aneth (facultatif)
- fèves soja rôties ou noix au choix, voir ⏱ 15

Info-santé

On peut très bien se passer de dessert au repas, je ne propose ici que des suggestions. Pour maintenir votre poids, écoutez les signaux de satiété; ce qui signifie de cesser de manger lorsqu'on se sent rassasié!

Consommez de 2 à 3 repas de poisson gras par semaine et misez sur la variété. Les poissons en conserve sont également un bon choix. Voir ⏱ 31.

Truc dans l'organisation

Vous pouvez doubler ou tripler la recette de garniture au thon pour préparer une salade de pâtes ou encore en garnir un pita de blé.

Mini-pizza savoureuse au thon

1.	4	muffins anglais de blé entier tranchés en deux ou autres pains au choix	4
	8	tranches de tomates fraîches	8
2.	2	boîtes de thon égoutté (170 g/6 oz)	2
	½	oignon haché	½
	½	poivron rouge, jaune ou vert haché	½
	30 ml	mayonnaise légère	2 c. à soupe
	30 ml	olives tranchées ou cornichons à l'aneth (facultatif)	2 c. à soupe
	au goût	sel et poivre	au goût
3.	125 ml	mozzarella allégée râpée*	½ tasse

Préchauffer le four à 180 °C (350 °F).

1 Couper les muffins en deux et disposer les 8 morceaux sur une plaque à cuisson.

2 Mélanger tous les ingrédients, sauf le fromage, et déposer sur les muffins anglais.

3 Parsemer de fromage râpé. Cuire au four environ 12 minutes, puis passer sous le gril 1 à 2 minutes pour colorer !

Truc cuisine...

Vous pouvez passer les légumes au hachoir manuel pour que ce soit plus rapide.

* Utilisez une râpe à fromage. Congelez une heure le fromage trop mou avant de le râper. Cela facilitera le travail.

VALEUR NUTRITIVE PAR PORTION	
Calories	330
Protéines	32 g
Glucides	34 g
Fibres alimentaires	6 g
Gras total	8 g
Saturés	2,5 g
Polyinsaturés	2,5 g
Oméga-3	0,4 g
Monoinsaturés	2,5 g
Calcium	293 mg
Fer	3 mg
Vitamine C	64 mg
Acide folique	56 mcg

Petite verdure au balsamique

1	laitue boston	1
1	poivron rouge, vert ou jaune en cubes	1
1	oignon vert haché	1
3	champignons tranchés	3
30 ml	fèves de soja rôties ou noix au choix	2 c. à soupe

vinaigrette

15 ml	vinaigre balsamique	1 c. à soupe
5 ml	miel liquide	1 c. à thé
1	gousse d'ail hachée finement	1
au goût	sel et poivre	au goût
30 ml	huile d'olive	2 c. à soupe

1   Dans un bol, fouetter tous les ingrédients (sauf l'huile d'olive et le sel et le poivre). Assaisonner. Incorporer lentement l'huile d'olive tout en fouettant. Disposer les légumes composant la salade dans 4 assiettes et y verser un filet de vinaigrette.

VALEUR NUTRITIVE PAR PORTION (PETITE VERDURE)	
Calories	115
Protéines	4 g
Glucides	8 g
Fibres alimentaires	1,5 g
Gras total	8 g
Saturés	1 g
Polyinsaturés	1,5 g
Oméga-3	0,2 g
Monoinsaturés	5,5 g
Calcium	29 mg
Fer	1 mg
Vitamine C	63 mg
Acide folique	51 mcg

et pour dessert...

Menu 2

Truite à la dijonnaise
Chou-fleur et brocoli vapeur
Pommes de terre rissolées de Yves
Yogourt

4 portions
Préparation : moins de 30 minutes
Cuisson : 10 minutes

LISTE DE MARCHÉ

Repas principal et accompagnement

- 4 filets de truite (720 g/1½ lb), voir 🍎 31
- 1 gousse d'ail, voir 🍎 2
- 1 citron frais ou jus de citron
- chou-fleur et brocoli
  (env. 250 ml/1 tasse par personne), 🍎 2
- 4 petites pommes de terre

Dessert

- yogourt, voir 🍎 46

EN RÉSERVE

Repas principal et accompagnement

- huile d'olive, voir 🍎 25
- moutarde à l'ancienne
- thym, curcuma, paprika
- papier parchemin (facultatif)

Notes

Les Nord-Américains ajoutent trop peu de poisson dans leur menu quotidien. Il est conseillé de consommer deux à trois repas de poissons gras chaque semaine pour améliorer sa santé cardiovasculaire. On retrouve parmi les poissons riches en oméga-3 : le saumon, le maquereau, le flétan, la truite, la sardine et le thon. D'autres poissons moins gras sont tout aussi intéressants. Faites des découvertes et ajoutez à vos menus hebdomadaires des poissons méconnus comme le tilapia, la beaudroie, le mahi-mahi, etc. Voir 🍎 31.

Truite à la dijonnaise

720 g	4 filets de truite	1½ lb environ
15 ml	huile d'olive	1 c. à soupe
1	petite gousse d'ail hachée	1
15 ml	jus de citron	1 c. à soupe
30 ml	moutarde à l'ancienne	2 c. à soupe

Préchauffer le four à 220 °C (425 °F).

1   Disposer les filets de truite dans un plat huilé, ou sur du papier parchemin. Mélanger le reste des ingrédients et étendre sur les filets de truite. Cuire au four préchauffé environ 20 minutes ou jusqu'à ce que la chair se détache facilement à la fourchette.

VALEUR NUTRITIVE PAR PORTION (TRUITE)	
Calories	290
Protéines	38 g
Glucides	1 g
Fibres alimentaires	0 g
Gras total	14 g
Saturés	3,5 g
Polyinsaturés	4 g
Oméga-3	1,8 g
Monoinsaturés	5,5 g
Calcium	132 mg
Fer	1 mg
Vitamine C	7 mg
Acide folique	20 mcg

Notes

Le papier parchemin est intéressant pour la cuisson au four, car il évite d'ajouter du gras.

Pommes de terre rissolées de Yves

4	petites pommes de terre	4
1 ml chacun	poivre, thym, paprika, curcuma	¼ c. à thé chacun
	huile d'olive	pour la plaque

Préchauffer le four à 220 °C (425 °F).

1   Couper les pommes de terre en tranches minces et déposer sur une plaque à cuisson légèrement huilée. Saupoudrer du mélange d'herbes et d'épices. Cuire au four préchauffé environ 10 à 12 minutes jusqu'à ce que les pommes de terre soient dorées et tourner à mi-cuisson.

Petits pains au saumon, fromage et légumes
Brocoli vapeur
Fruit au choix

6 portions
Préparation : moins de 30 minutes
Cuisson : 30 minutes
Le pain au saumon se congèle !

LISTE DE MARCHÉ

Repas principal et accompagnement

- 2 oignons jaunes (moyens)
- 2 branches de céleri
- fleurs de brocoli (500 ml/2 tasses), voir 🍎 2
- brocoli en accompagnement
  (environ 250 ml/1 tasse par personne)
- ricotta 7 % m.g. et moins (250 ml /1 tasse)
- 2 œufs
- parmesan râpé (60 ml/¼ tasse)
- pain de grains entiers (4 tranches)

Dessert

- 4 fruits au choix, voir 🍎 18, « volet découverte »

EN RÉSERVE

Repas principal et accompagnement

- Huile d'olive, voir 🍎 25
- Saumon en conserve (2 boîtes de 213 g/7,5 oz),
  voir 🍎 31
- farine blanche
- 1 boîte de jus de tomate (540 ml/19 oz)
- bouillon de poulet, voir 🍎 7
- basilic
- thym, voir 🍎 13
- curcuma, voir 🍎 2

Notes

Prendre le temps de manger et de bien mastiquer permet de mieux apprécier les saveurs du repas. Vous serez plus en mesure de ressentir le signal de satiété.

La satiété est l'état dans lequel une personne se sent juste assez comblé après un repas, sans ballonnement ni inconfort.

Petits pains au saumon, fromage et légumes

1.

1	oignon jaune moyen	1
15 ml	huile d'olive	1 c. à soupe
2	branches de céleri	2
500 ml	fleurs de brocoli	2 tasses

2.

4	tranches de pain de blé sans la croûte coupées en cubes	4
2	boîtes de saumon égoutté (213 g/7,5 oz)	2
250 ml	ricotta faible en gras	1 tasse
2	œufs	2
60 ml	parmesan râpé	¼ tasse
2 ml	thym séché	½ c. à thé

Préchauffer le four à 180 °C (350 °F).

1 Passer les légumes au hachoir et faire revenir dans l'huile d'olive pendant 5 à 7 minutes environ dans une casserole moyenne. Réserver.

2 Pendant ce temps, mélanger les cubes de pain, le saumon égoutté, la ricotta, les œufs, le parmesan et le thym dans un bol et ajouter les légumes cuits. Prendre soin de bien écraser les os du saumon. Bien mélanger. Verser dans des moules à muffins légèrement huilés et cuire 30 minutes. Servir nappé de sauce tomate (voir p. suivante).

en accompagnement...

VALEUR NUTRITIVE PAR PORTION (PAIN AU SAUMON ET SAUCE TOMATE)	
Calories	360
Protéines	28 g
Glucides	23 g
Fibres alimentaires	3,5 g
Gras total	18 g
Saturés	5,5 g
Polyinsaturés	2,5 g
Oméga-3	1 g
Monoinsaturés	9 g
Calcium	410 mg
Fer	3 mg
Vitamine C	37 mg
Acide folique	96 mcg

Sauce tomate

1	oignon jaune moyen	1
30 ml	huile d'olive	2 c. à soupe
30 ml	farine blanche	2 c. à soupe
1	boîte de jus de tomate (540 ml/19 oz)	1
250 ml	bouillon de poulet	1 tasse
2 ml	basilic	½ c. à thé
2 ml	thym	½ c. à thé
5 ml	curcuma	1 c. à thé
	sel et poivre	

1 Vous pouvez préparer la sauce juste avant le service et utiliser la casserole qui a servi à faire sauter les légumes. Hacher l'oignon et faire revenir dans l'huile d'olive à feu doux jusqu'à transparence, environ 2 minutes. Ajouter la farine et bien mélanger. Cuire encore 2 minutes. Ajouter le reste des ingrédients et cuire encore 2 minutes.

Truc cuisine...

La sauce tomate peut aussi servir à préparer un repas vite fait :

Faire cuire des pâtes de blé entier, ajouter ½ boîte de thon ou de saumon égoutté et un peu de sauce tomate. Accompagner de crudités.

Ou

Mélanger de la sauce tomate et 250 ml/1 tasse de légumineuses en conserve rincées et égouttées. Accompagner d'une belle salade et de 2 à 3 biscottes de grains entiers.

Menu 4 *Un délice!*

Tilapia aux tomates confites
Purée de pommes de terre et patates douces
Quelques raisins frais suivis d'un à deux carrés de chocolat noir et d'une tisane à l'abricot

4 portions
Préparation : moins de 30 minutes
Cuisson : 10 minutes

LISTE DE MARCHÉ

Repas principal et accompagnement

- filets de tilapia (700 g/1½ lb), voir ⏱ 31
- 8 tomates italiennes ou 15 tomates cerises environ
- 1 gousse d'ail, voir 🍎 2
- 1 citron frais ou jus de citron (environ 30 ml/2 c. à soupe)
- romarin, persil et thym frais (10 ml/2 c. à thé chacun) ou séchés (2 ml/½ c. à thé chacun), voir ⏱ 13
- 1 patate douce, voir 🍎 2
- 3 pommes de terre à chair jaune, moyennes
- lait et beurre pour la purée

Dessert

- raisins frais
- 1 tablette de chocolat noir à 70 % ou plus, voir 🍎 2

EN RÉSERVE

Repas principal et accompagnement

- huile d'olive, voir ⏱ 25
- ciboulette
- curcuma
- tisane à l'abricot ou autre saveur au choix
- sel de table, voir ⏱ 37

Truc de congélation

Congeler les restes de fines herbes en les coupant aux ciseaux et en les disposant dans des bacs à glaçons. Remplir d'eau et congeler. Retirer les cubes congelés du bac et recongeler dans des sacs à congélation. Vous pourrez les utiliser dans les soupes, sauces. Voir 🍎 13.

15 ml (1 c. à soupe) d'herbes fraîches équivaut à 5 ml (1 c. à thé) d'herbes séchées.

C'est un calcul simple à faire quand vous n'avez pas sous la main l'herbe fraîche désirée.

Notes

Le tilapia est un poisson à saveur très douce. Vous pouvez le remplacer par de la sole (plie), du flétan ou de la morue. Voir ⏱ 31.

44

Tilapia aux tomates confites

1.

8	tomates italiennes coupées en quatre	8
	ou 15 tomates cerises coupées en deux	
10 ml chacun	persil, thym et romarin frais hachés	2 c. à thé chacun
	ou	
2 ml chacun	persil, thym et romarin séchés	½ c. à thé chacun
1	gousse d'ail hachée	1
15 ml	huile d'olive	1 c. à soupe
	sel, poivre	

2.

700 g	filets de tilapia	1½ lb
	jus de citron	
	poivre	

Préchauffer le four à 220 °C (425 °F).

1 Dans un bol, mélanger les ingrédients de l'étape 1.

2 Disposer les filets de tilapia dans un plat légèrement huilé allant au four, arroser de jus de citron et assaisonner. Verser ensuite le mélange de tomates sur les filets. Cuire au four préchauffé environ 15 minutes ou jusqu'à ce que la chair soit blanche et se détache facilement à la fourchette.

Pour une touche croustillante et savoureuse

Tremper les filets de tilapia dans un œuf battu, dans la chapelure (faite de biscottes de grains entiers émiettées, voir ☼ 8), puis les faire cuire au four préchauffé environ 15 minutes sur une plaque à cuisson légèrement huilée. Pendant ce temps, faire revenir dans une casserole tous les ingrédients de l'étape 1 pendant 10 minutes environ. Lorsque les filets de tilapia sont cuits, disposer dans les assiettes et recouvrir du mélange de tomates.

Purée de pommes de terre et patates douces

1	patate douce pelée et coupée en 4	1
3	pommes de terre à chair jaune moyennes pelées et coupées en 4	3
	Lait et beurre	
5 ml	curcuma	1 c. à thé
15 ml	ciboulette hachée	1 c. à soupe
	sel et poivre	

1 Faire bouillir la patate douce avec les pommes de terre. Égoutter. Presser en purée avec du lait et un peu de beurre. Ajouter le curcuma, la ciboulette, le sel et le poivre. Servir. La patate douce apportera un goût sucré à la purée.

VALEUR NUTRITIVE PAR PORTION (TILAPIA)	
Calories	235
Protéines	37 g
Glucides	8 g
Fibres alimentaires	2 g
Gras total	7 g
Saturés	1,5 g
Polyinsaturés	1 g
Oméga-3	0,3 g
Monoinsaturés	3,5 g
Calcium	30 mg
Fer	2 mg
Vitamine C	43 mg
Acide folique	67 mcg

Tartare de saumon sur nid de verdures
Tomates en quartiers poivrées et arrosées de jus de citron
Petit pain de grains entiers
Bol de fraises et oranges en morceaux

2 portions
Préparation : moins de 30 minutes
Cuisson : aucune

LISTE DE MARCHÉ

Repas principal et accompagnement

- 2 darnes de saumon frais (250 g/½ lb), voir 🍎 31
- laitue boston ou mesclun
  (au moins 500 ml/2 tasses), voir 🍎 36
- échalotes grises ou françaises
  (15 ml/1 c. à soupe)
- 3 tomates moyennes
- 1 gousse d'ail
- 1 citron frais ou jus de citron (10 ml/2 c. à thé)
- 2 petits pains de grains entiers

Dessert

- fraises et oranges, voir 🍎 2

EN RÉSERVE

Repas principal et accompagnement

- moutarde à l'ancienne
- câpres
- cornichons à l'aneth
- sauce tabasco
- relish sucrée
- mayonnaise

Notes

L'augmentation de la taille des portions est un facteur bien connu dans les problèmes liés à l'obésité.

Mangeons-nous plus que nous le croyons ? C'est ce qu'a tenté de démontrer le docteur B. Wansink, auteur d'un ouvrage fort intéressant intitulé *Mindless eating*. Il a entre autres démontré que notre estimation de la satiété peut être biaisée par notre perception visuelle des formats de service. Ainsi, la forme ou le format a un impact sur la consommation des gens. Il est donc préférable d'avoir des portions standard. Par exemple, le fond de l'assiette, excluant les rebords, devrait avoir un diamètre maximal de 18 cm (7½ po). Les grandes assiettes devraient être réservées pour des occasions spéciales. Il faut aussi porter attention à la taille des bols à dessert et à celle des verres. Voir www.mindlesseating.org.

Tartare au saumon

1.

15 ml	câpres	1 c. à soupe
15 ml	moutarde à l'ancienne	1 c. à soupe
1	petite gousse d'ail hachée finement	1
1	cornichon à l'aneth haché finement	1
30 ml	relish sucrée	2 c. à soupe
15 ml	mayonnaise	1 c. à soupe
15 ml	échalotes grises ou françaises hachées finement	1 c. à soupe
10 ml	jus de citron	2 c. à thé
4	gouttes de sauce tabasco	4
au goût	poivre frais moulu	au goût
2	darnes de saumon frais (250 g/½ lb au total) sans la peau et coupées en petits morceaux	2

2.

Nid de verdures

laitue boston ou mesclun

1 Mélanger tous les ingrédients, sauf la laitue, en terminant par le saumon. Si le temps le permet, laisser reposer au réfrigérateur 1 heure.

2 Disposer le tartare sur un nid de verdures dans chaque assiette.

et pour dessert...

VALEUR NUTRITIVE PAR PORTION (TARTARE)	
Calories	290
Protéines	26 g
Glucides	9 g
Fibres alimentaires	0,5 g
Gras total	17 g
Saturés	3,5 g
Polyinsaturés	6,5 g
Oméga-3	2,7 g
Monoinsaturés	5,5 g
Calcium	34 mg
Fer	1 mg
Vitamine C	9 mg
Acide folique	37 mcg

Menu 6 *Menu du matelot*

Salade aux œufs et au thon parfumée à l'ail
Petit pain de blé entier
Croustade aux pommes et aux poires
Thé vert

4 portions
Préparation : moins de 30 minutes
Cuisson : 15 à 20 minutes

LISTE DE MARCHÉ

Repas principal et accompagnement

- laitue romaine ou feuilles d'épinards (env. 750 ml/3 tasses), voir 🍎 36
- 2 tomates fraîches
- 1 avocat mûr* (facultatif)
- 1 gousse d'ail, voir 🍎 2
- oignon rouge (30 ml/2 c. à soupe)
- 1 poivron rouge ou vert
- ciboulette fraîche ou séchée (15 ml/1 c. à soupe), voir 🍎 13
- 4 œufs
- 4 petits pains de grains entiers

Dessert

- 10 pommes fraîches, voir 🍎 2
- 2 poires fraîches ou en conserve
- compote de pommes non sucrée ou sans sucre (80 ml/$\frac{1}{3}$ tasse), voir 🍎 2

EN RÉSERVE

Repas principal et accompagnement

- Huile d'olive, voir 🍎 25
- 2 boîtes de thon en conserve dans l'eau (170 g/6 oz), voir 🍎 31
- moutarde à l'ancienne ou de Dijon
- vinaigre de vin, voir 🍎 44
- câpres
- miel, voir 🍎 26
- thé vert, voir 🍎 2

Dessert

- cassonade
- huile de canola 🍎 25
- cannelle
- farine de grains entiers au choix, voir 🍎 32
- flocons d'avoine ou de sarrasin ou quinoa
- amandes ou noix hachées (facultatif), voir 🍎 27

Notes

* Un avocat est mûr lorsque la pelure devient brunâtre et que la chair est légèrement molle sous la pression du doigt.

Pour varier vos salades, remplacez la laitue romaine par d'autres laitues au goût léger comme les feuilles d'épinards, les feuilles de chêne, la boston, la frisée (batavia) ou pommée (iceberg). Pour ajouter un léger goût d'amertume ou de piquant, mélangez de la bette à carde, du cresson, du fenouil, etc. Voir 🍎 36.

Salade aux œufs et au thon parfumée à l'ail

1. | 750 ml | laitue romaine ou feuilles d'épinards déchiquetées | 3 tasses |
| --- | --- | --- |

2.

1	poivron rouge ou vert en dés	1
1	avocat en cubes (facultatif)	1
30 ml	oignon rouge émincé	2 c. à soupe
2	boîtes de thon conservé dans l'eau, égoutté (170 g/6 oz)	2
15 ml	câpres	1 c. à soupe
15 ml	ciboulette fraîche ou séchée	1 c. à soupe
30 ml	vinaigre de vin	2 c. à soupe
45 ml	huile d'olive	3 c. à soupe
1	gousse d'ail hachée	1
5 ml	miel	1 c. à thé
5 ml	moutarde à l'ancienne ou de Dijon	1 c. à thé
au goût	sel, poivre	au goût

3.

2	tomates fraîches en quartiers	2
4	œufs durs	4

1   Bien mélanger la laitue ou les épinards et diviser dans 4 assiettes.

2   Mélanger tous les ingrédients de l'étape 2. Diviser sur le mélange de laitue ou d'épinards.

3   Couper les tomates en quartiers et les disposer autour de la salade et garnir avec les œufs durs tranchés.

VALEUR NUTRITIVE PAR PORTION	
Calories	385
Protéines	30 g
Glucides	14 g
Fibres alimentaires	6 g
Gras total	24 g
Saturés	4,5 g
Polyinsaturés	3 g
Oméga-3	0,5 g
Monoinsaturés	14,5 g
Calcium	71 mg
Fer	3 mg
Vitamine C	103 mg
Acide folique	146 mcg

Croustade aux pommes et aux poires

1.

10	pommes pelées et coupées grossièrement	10
2	poires fraîches ou en conserve, pelées et coupées en morceaux	2
	cannelle au goût	

2.

125 ml	cassonade	½ tasse
250 ml	mélange de farine de grains entiers au choix : blé, sarrasin	1 tasse
250 ml	flocons d'avoine ou sarrasin ou quinoa	1 tasse
60 ml	amandes moulues ou hachées (facultatif) ou autres noix	¼ tasse
80 ml	huile de canola pressée à froid	$\frac{1}{3}$ tasse
80 ml	compote de pommes sans sucre	$\frac{1}{3}$ tasse

Préchauffer le four à 180 °C (350 °F).

1   Dans un plat en verre allant au four (22,5 x 33 cm/9 x 13 po), déposer les pommes et les poires. Saupoudrer de cannelle au goût.

2   Mélanger les ingrédients de l'étape 2 et verser sur les fruits. Si le mélange est trop sec, ajouter de la compote de pommes. Cuire au four préchauffé environ 30 minutes.

VALEUR NUTRITIVE PAR PORTION	
Calories	285
Protéines	4 g
Glucides	50 g
Fibres alimentaires	6 g
Gras total	10 g
Saturés	0,5 g
Polyinsaturés	2,5 g
Oméga-3	0,7 g
Monoinsaturés	5 g
Calcium	37 mg
Fer	2 mg
Vitamine C	7 mg
Acide folique	9 mcg

Menu 7

Jus de légumes et branche de céleri

Fish chowder de Maman

Biscottes de grains entiers

Mousse de tofu au cacao

LISTE DE MARCHÉ

Repas principal et accompagnement

- saumon frais en filets ou en darnes (225 g/½ lb), voir 🍎 31
- 1 petit oignon
- 5 branches de céleri (1 pour le repas et 4 pour le jus de légumes)
- 1 grosse carotte
- 1 pomme de terre
- jus de légumes (4 portions pour entrée)
- maïs en grains surgelés (250 ml/1 tasse)
- lait écrémé ou partiellement écrémé (2 % et moins) (500 ml/2 tasses)

Dessert

- 1 bloc de tofu soyeux ferme* (350 g/12 oz), voir 🍎 42
- 2 bananes bien mûres**, voir 🍎 4
- 1 citron frais ou jus de citron (15 ml/1 c. à soupe)

EN RÉSERVE

Repas principal et accompagnement

- huile d'olive, voir 🍎 25
- biscottes de grains entiers
- basilic, voir 🍎 13
- bouillon de poulet, voir 🍎 7
- farine blanche tout usage

Dessert

- poudre de cacao non sucré, voir 🍎 2
- sirop d'érable, voir 🍎 38

4 portions
Préparation : moins de 30 minutes
Cuisson : 30 minutes
Le fish chowder se congèle !

Notes

* Il existe deux types de tofu sur le marché : le tofu ferme ou extra-ferme et le tofu soyeux.

Le tofu ferme peut être utilisé dans les sautés, sur des pâtes arrosées d'une bonne sauce tomate, sur une pizza maison, etc.

Le tofu japonais soyeux, de consistance plus crémeuse, est offert en trois textures, extra-ferme, ferme ou mou; il sert davantage aux desserts (mousse), aux vinai-grettes crémeuses, aux potages ou aux trempettes.

On retrouve également du tofu soyeux sous-vide qui peut se conserver au garde-manger et du tofu soyeux qui se conserve au réfrigérateur. Voir 🍎 42.

Truc pratique

** Congeler les bananes bien mûres qui pourront être utilisées dans un pain aux bananes ou dans une mousse de tofu.

Fish chowder de Maman

1.

1	petit oignon haché	1
15 ml	huile d'olive	1 c. à soupe

2.

500 ml	bouillon de poulet	2 tasses
1	grosse carotte pelée	1
1	branche de céleri	1
1	pomme de terre coupée en petits dés	1
2 ml	basilic	½ c. à thé
	sel et poivre	

3.

500 ml	lait	2 tasses
30 ml	farine blanche tout usage	2 c. à soupe
250 ml	maïs en grains surgelé	1 tasse
225 g	filets de saumon frais ou darnes de saumon en bouchées	½ lb

1 Faire revenir l'oignon et l'huile d'olive dans un grand chaudron jusqu'à ce que l'oignon devienne translucide, environ 2 à 3 minutes.

2 Hacher la carotte et le céleri au hachoir manuel ou les couper en petits cubes. Ajouter aux oignons le bouillon de poulet, les légumes, la pomme de terre et le basilic et cuire jusqu'à ce que les légumes soient à point, environ 10 minutes.

3 Ajouter la moitié du lait, le maïs et les bouchées de saumon cru et cuire jusqu'à ce que le mélange commence à frémir. Mélanger ensuite la farine avec le reste du lait et verser dans le mélange en filtrant avec un petit tamis. Brasser jusqu'à ce que le mélange épaississe légèrement. S'assurer que le poisson est cuit. Compter environ 7 à 8 minutes de cuisson au total pour le saumon. Il se défait tout seul lorsqu'il est prêt. Assaisonner au goût et servir.

VALEUR NUTRITIVE PAR PORTION	
Calories	310
Protéines	21 g
Glucides	31 g
Fibres alimentaires	2,5 g
Gras total	12 g
Saturés	2,5 g
Polyinsaturés	3 g
Oméga-3	1,2 g
Monoinsaturés	5 g
Calcium	223 mg
Fer	2 mg
Vitamine C	15 mg
Acide folique	70 mcg

Mousse de tofu au cacao

1	bloc de tofu soyeux ferme (environ 350 g/12 oz)	1
2	bananes bien mûres fraîches ou congelées	2
30 ml	poudre de cacao	2 c. à soupe
15 ml	sirop d'érable	1 c. à soupe
15 ml	jus de citron	1 c. à soupe

1   Passer tous les ingrédients au mélangeur. Brasser entre chaque mixage pour permettre de bien mélanger.

bananes congelées

VALEUR NUTRITIVE PAR PORTION	
Calories	125
Protéines	7 g
Glucides	20 g
Fibres alimentaires	2 g
Gras total	3 g
Saturés	0,5 g
Polyinsaturés	1,5 g
Oméga-3	0 g
Monoinsaturés	0,5 g
Calcium	38 mg
Fer	1 mg
Vitamine C	7 mg
Acide folique	13 mcg

Poulet crémeux au cari et curcuma
Mesclun, couscous et noix de Grenoble
Fruit

4 portions
Préparation : moins de 30 minutes
Cuisson : 40 minutes

LISTE DE MARCHÉ

Repas principal et accompagnement

- poitrines de poulet désossées (500 g/1¼ lb)
- 3 oignons verts, voir 🍎 28
- mesclun ou autre laitue au choix (1 L/4 tasses), voir 🍎 36
- ½ poivron rouge ou vert
- 1 petite tomate
- 1 citron frais ou jus de citron (15 ml/1 c. à soupe)
- 1 pomme
- yogourt nature (80 ml/⅓ tasse), voir 🍎 46

Dessert

- 4 fruits au choix, voir 🍎 18 « volet découverte »

EN RÉSERVE

Repas principal et accompagnement

- Huile de canola, voir 🍎 25
- mayonnaise légère
- curcuma, voir 🍎 2
- cari
- bouillon de poulet, voir 🍎 7
- couscous de grains entiers, voir 🍎 32
- noix de Grenoble hachées (facultatif), voir 🍎 27

Poulet crémeux au cari et curcuma

1.	500 g	poitrines de poulet désossées	1 ¼ lb
2.	45 ml	mayonnaise légère	3 c. à soupe
	80 ml	yogourt nature	⅓ tasse
	3	oignons verts hachés	3
	10 ml	curcuma	2 c. à thé
	5 ml	cari	1 c. à thé
		sel et poivre	

Préchauffer le four à 180 °C (350 °F).

1 Disposer les poitrines de poulet dans un plat légèrement huilé allant au four.

2 Mélanger les ingrédients de l'étape 2 et verser sur le poulet. Cuire au four préchauffé environ 30 à 40 minutes jusqu'à ce que le poulet ait perdu sa couleur rosée à l'intérieur.

VALEUR NUTRITIVE PAR PORTION	
Calories	195
Protéines	30 g
Glucides	3 g
Fibres alimentaires	0 g
Gras total	6 g
Saturés	1,5 g
Polyinsaturés	2,5 g
Oméga-3	0,2 g
Monoinsaturés	1,5 g
Calcium	48 mg
Fer	1 mg
Vitamine C	3 mg
Acide folique	9 mcg

Mesclun, couscous et noix de Grenoble

1.	375 ml	bouillon de poulet	1½ tasse
	250 ml	couscous de grains entiers	1 tasse
2.	1 litre	mesclun	4 tasses
	1	petite tomate coupée en dés	1
3.	½	poivron rouge ou vert	½
	1	pomme	1
		vinaigrette	
4.	30 ml	noix de Grenoble hachées (facultatif)	2 c. à soupe
	15 ml	jus de citron frais	1 c. à soupe
	30 ml	huile de canola pressée à froid	2 c. à soupe
	au goût	poivre	au goût

1   Dans un chaudron, amener le bouillon de poulet à ébullition. Ajouter le couscous de grains entiers et retirer du feu. Laisser reposer à couvert environ 10 minutes.

2   Diviser le mesclun dans 4 assiettes et garnir de tomates.

3   Hacher le poivron et la pomme ou couper en cubes.

4   Mélanger les ingrédients de la vinaigrette avec le poivron, la pomme et le couscous cuit. En garnir le mesclun et servir en accompagnement du poulet.

VALEUR NUTRITIVE PAR PORTION	
Calories	310
Protéines	10 g
Glucides	46 g
Fibres alimentaires	5,5 g
Gras total	10 g
Saturés	1 g
Polyinsaturés	4 g
Oméga-3	1,1 g
Monoinsaturés	4,5 g
Calcium	90 mg
Fer	2 mg
Vitamine C	60 mg
Acide folique	108 mcg

Menu 9

Poulet mariné au miel

Salade de quinoa ou de couscous

Mangue et cantaloup

LISTE DE MARCHÉ

Repas principal et accompagnement

- poitrines de poulet désossées (500 g/1¼ lb)
- 1 poivron rouge, jaune ou vert
- 1 tomate
- 1 concombre moyen
- menthe fraîche ou persil frais (15 ml/1 c. à soupe), voir 🍎 13 ou persil séché (5 ml/1 c. à thé)
- 8 feuilles de laitue au choix, voir 🍎 36
- 3 gousses d'ail, voir 🍎 2
- 1 citron frais ou jus de citron (15 ml /1 c. à soupe)

Dessert

- mangue et cantaloup, voir 🍎 18

EN RÉSERVE

Repas principal et accompagnement

- huile d'olive, voir 🍎 25
- huile de canola, voir 🍎 25
- miel, voir 🍎 26
- vinaigre balsamique
- quinoa en grains* ou couscous entier ou de blé, voir 🍎 32

4 portions

Mariner : 4 à 12 heures

Préparation : moins de 30 minutes

Cuisson : 20 à 30 minutes

Le poulet mariné se congèle cuit

Note

* Le quinoa en grains se trouve facilement au supermarché et dans les magasins d'aliments naturels. Il existe plusieurs variétés, mais c'est principalement le quinoa blanc que l'on retrouve sur le marché. Le quinoa rouge et le quinoa noir sont également très intéressants au niveau nutritif et gustatif ! Avec sa grande valeur nutritive, il est l'une des céréales les plus consommées du monde et il est très facile à cuisiner. Compter 10 à 15 minutes, voir 🍎 32.

Variante

Remplacer le quinoa par du couscous entier ou du riz, voir 🍎 32.

Poulet mariné au miel

marinade sucrée au balsamique

1.

60 ml	huile d'olive	¼ tasse
2	gousses d'ail hachées finement	2
15 ml	miel	1 c. à soupe
45 ml	vinaigre balsamique	3 c. à soupe
au goût	sel et poivre	au goût

2.   500 g   demi-poitrines de poulet, désossées sans la peau   1 ¼ lb

Préchauffer le four à 180 °C (350 °F).

1   Mélanger tous les ingrédients de la marinade dans un bol de verre.

2   Déposer les poitrines de poulet dans la marinade. Laisser mariner à couvert au réfrigérateur de 4 à 12 heures.

Disposer les poitrines de poulet dans un plat légèrement huilé allant au four. Cuire au four préchauffé environ 30 minutes ou jusqu'à ce que la chair soit blanche.

Sur le BBQ, cuire environ 20 minutes ou jusqu'à ce que la chair soit blanche.

VALEUR NUTRITIVE PAR PORTION

Calories	175
Protéines	28 g
Glucides	1 g
Fibres alimentaires	0 g
Gras total	5 g
Saturés	1 g
Polyinsaturés	1 g
Oméga-3	0 g
Monoinsaturés	3 g
Calcium	7 mg
Fer	1 mg
Vitamine C	2 mg
Acide folique	5 mcg

Salade de quinoa ou de couscous

1.

250 ml	quinoa en grains	1 tasse
500 ml	eau	2 tasses
	ou	
250 ml	couscous entier	1 tasse
375 ml	eau	1½ tasse

2.

1	gousse d'ail hachée	1
1	poivron rouge, jaune ou vert en dés	1
1	tomate en dés	1
1	concombre moyen pelé et coupé en dés	1
30 ml	huile de canola	2 c. à soupe
15 ml	jus de citron	1 c. à soupe
15 ml	menthe ou persil frais finement haché	1 c. à soupe
	ou	
5 ml	persil séché	1 c. à thé
	sel et poivre	

3.

8	feuilles de laitue au choix	8

1   Porter l'eau à ébullition.

Si vous avez choisi le quinoa : 1 portion de quinoa pour 2 portions de liquide. Verser le quinoa dans l'eau bouillante et cuire environ 10 à 15 minutes ou selon les indications du fabricant. Retirer du feu et réserver. Voir aussi ☼ 32.

Si vous avez choisi le couscous entier : 1 portion de couscous pour 1½ portion de liquide. Verser le couscous dans l'eau bouillante et retirer du feu. Laisser reposer à couvert environ 10 minutes ou suivre les indications du fabricant. Voir aussi ☼ 32.

2   Mélanger les ingrédients de l'étape 2. Ajouter au quinoa ou au couscous déjà cuit et bien mélanger.

3   Diviser les feuilles de laitue dans 4 assiettes. Déposer le mélange de quinoa ou de couscous sur les feuilles de laitue. Accompagner du poulet.

VALEUR NUTRITIVE PAR PORTION	
Calories	260
Protéines	7 g
Glucides	38 g
Fibres alimentaires	5 g
Gras total	10 g
Saturés	1 g
Polyinsaturés	3,5 g
Oméga-3	0,7 g
Monoinsaturés	5 g
Calcium	59 mg
Fer	5 mg
Vitamine C	66 mg
Acide folique	61 mcg

Salade de poulet à la coriandre et à l'arachide
Yogourt et framboises
Thé vert

6 portions
Préparation : moins de 30 minutes
Cuisson : 10 à 15 minutes
La salade de poulet se congèle !

LISTE DE MARCHÉ

Repas principal et accompagnement

- poitrines de poulet désossées (500 g/1¼ lb), voir 🍎 9
- vermicelle de riz (300 g/10½ oz), voir 🍎 32
- chou chinois (500 ml/2 tasses)
- champignons (250 ml/1 tasse)
- 2 poivrons verts ou rouges
- 1 gousse d'ail, voir 🍎 2
- coriandre fraîche (facultatif) (60 ml/¼ tasse), voir 🍎 13
- 1 citron ou jus de citron (30 ml/2 c. à soupe)
- racine de gingembre frais* (30 ml/2 c. à soupe), voir 🍎 19
- arachides (30 ml /2 c. à soupe), voir 🍎 3

Dessert

- framboises fraîches ou surgelées (environ 250 ml/1 tasse), voir 🍎 2
- yogourt, voir 🍎 46

EN RÉSERVE

Repas principal et accompagnement

- huile d'olive, voir 🍎 25
- sauce tamari ou soja légère
- vinaigre de riz
- beurre d'arachide naturel, voir 🍎 5
- miel liquide, voir 🍎 26
- graines de sésame, voir 🍎 27
- thé vert, voir 🍎 2

Saviez-vous que ?

La consommation quotidienne de plus de cinq portions de fruits et légumes est associée à une diminution des risques de maladies cardiovasculaires.

En termes simples, cela signifie :

Les légumes que vos deux mains jointes peuvent contenir représentent plus d'une tasse au repas du midi et plus d'une tasse au repas du soir, soit 4 portions, et 2 à 3 fruits par jour.

Vos portions de légumes peuvent provenir d'un bol de soupe maison ou d'un potage aux légumes, d'une salade, des crudités, des légumes cuits vapeur ou encore des légumes légèrement sautés.

Lorsque vous manquez de temps, simplifiez-vous la vie en coupant quelques tranches de tomate et de concombre ou encore pelez une ou deux carottes ou préparez des crudités.

Notes

* Le gingembre frais est absolument savoureux. De plus, il se conserve en entier, tranché ou rapé au congélateur. Ajoutez-le au riz, aux marinades, aux recettes de tofu, aux sautés de légumes.

Salade de poulet à la coriandre et à l'arachide

1.	300 g	vermicelle de riz sec	10½ oz
2.	500 g	poitrines de poulet désossées et coupées en cubes	1¼ lb
	15 ml	beurre d'arachide naturel	1 c. à soupe
	15 ml	miel liquide	1 c. à soupe
	15 ml	graines de sésame	1 c. à soupe
	10 ml	huile d'olive	2 c. à thé
3.	250 ml	champignons tranchés	1 tasse
	2	poivrons rouges ou verts	2
	500 ml	chou chinois	2 tasses
		sauce	
4.	45 ml	sauce tamari ou soja légère	3 c. à soupe
	60 ml	vinaigre de riz	¼ tasse
	30 ml	jus de citron	2 c. à soupe
	30 ml	gingembre frais ou congelé haché	2 c. à soupe
	60 ml	coriandre fraîche hachée (facultatif)	¼ tasse
5.	1	gousse d'ail hachée	1
	30 ml	arachides (facultatif)	2 c. à soupe
		sel et poivre	

1   Faire cuire le vermicelle de riz selon les indications du fabricant. Bien égoutter et réserver.

2   Mélanger les morceaux de poulet avec le beurre d'arachide, le miel et les graines de sésame. Dans un grand chaudron ou dans un wok, faire revenir les morceaux de poulet dans l'huile d'olive et laisser dorer légèrement, 3 à 4 minutes, sans trop remuer.

3   Passer les poivrons et le chou chinois au hachoir ou les couper en cubes ou hacher grossièrement au couteau. Ajouter les champignons, les poivrons et le chou au mélange de poulet et cuire jusqu'à ce que le poulet ne soit plus rosé et les légumes, *al dente*. Réduire le feu et réserver.

4   Mélanger les ingrédients de la sauce dans un petit bol et ajouter au poulet. Bien mélanger. Ajouter le vermicelle de riz au mélange de poulet et bien mélanger. Assaisonner au goût.

5   Verser dans les assiettes et parsemer d'arachides, au goût.

VALEUR NUTRITIVE PAR PORTION	
Calories	370
Protéines	25 g
Glucides	51 g
Fibres alimentaires	2,5 g
Gras total	7 g
Saturés	1,5 g
Polyinsaturés	2 g
Oméga-3	0,1 g
Monoinsaturés	3 g
Calcium	54 mg
Fer	2 mg
Vitamine C	75 mg
Acide folique	43 mcg

Le petit cousin du cigare au chou
Bœuf au chou vite fait aux saveurs de tomates et de curcuma
Pommes de terre en purée à la ciboulette et haricots verts
Bananes en rondelles arrosées d'un filet de sirop d'érable et de yogourt nature

6 portions
Préparation : moins de 30 minutes
Cuisson : 30 minutes
Le bœuf au chou se congèle!

LISTE DE MARCHÉ

Repas principal et accompagnement

- bœuf haché extramaigre (500 g/1¼ lb)
- chou pommé blanc (1 petit ou ½ gros)
- 4 pommes de terre à chair jaune, moyennes
- 3 oignons jaunes (petits) ou 2 moyens
- haricots verts (750 ml à 1 litre/3 à 4 tasses)
- 1 gousse d'ail, voir ◌ 2
- 1 citron frais ou jus de citron (45 ml/3 c. à soupe)

Dessert

- 2 petites bananes
- yogourt nature, voir ◌ 46

EN RÉSERVE

Repas principal et accompagnement

- huile d'olive, voir ◌ 25
- sauce tamari ou soja légère
- 1 boîte de tomates en dés (796 ml/28 oz)
- 1 boîte de jus de tomate (540 ml/19 oz)
- origan, basilic, assaisonnement à l'italienne, voir ◌ 13
- ciboulette, piments broyés, voir ◌ 13
- curcuma

Dessert

- sirop d'érable, voir ◌ 38

Version végétarienne

Remplacez le bœuf haché par :

1½ brique de tofu ferme rapé ou coupé en petits cubes.

Ou 4 à 6 tasses de lentilles en conserve rincées et égouttées.

Autres sources de protéines végétariennes, voir soja ◌ 39.

Bœuf au chou vite fait aux saveurs de tomates et de curcuma

1.

30 ml	huile d'olive	2 c. à soupe
3	oignons (petits) hachés	3
1	gousse d'ail hachée	1
500 g	bœuf haché extramaigre	1 ¼ lb
1	petit chou pommé blanc en minces lanières ou passé au hachoir	1

2.

1	boîte de tomates en dés (796 ml/28 oz)	1
1	boîte de jus de tomate (540 ml/19 oz)	1
15 ml	sauce tamari ou soja légère	1 c. à soupe
45 ml	jus de citron	3 c. à soupe
2 ml	origan	½ c. à thé
2 ml	basilic	½ c. à thé
2 ml	assaisonnement à l'italienne	½ c. à thé
15 ml	curcuma	1 c. à soupe
1 ml	piments broyés	¼ c. à thé
au goût	poivre	au goût

1   Dans un gros chaudron, faire revenir l'oignon 5 minutes dans l'huile d'olive. Ajouter l'ail et cuire 2 minutes. Ajouter le bœuf haché et poursuivre la cuisson 8 à 10 minutes en défaisant la viande à la fourchette. Ajouter le chou et poursuivre la cuisson 5 minutes.

2   Ajouter tous les ingrédients de l'étape 2, couvrir et laisser mijoter environ 20 minutes ou jusqu'à ce que le chou soit suffisamment tendre.

VALEUR NUTRITIVE PAR PORTION

Calories	345
Protéines	27 g
Glucides	32 g
Fibres alimentaires	7,5 g
Gras total	14 g
Saturés	4 g
Polyinsaturés	1 g
Oméga-3	0,2 g
Monoinsaturés	7,5 g
Calcium	168 mg
Fer	5 mg
Vitamine C	101 mg
Acide folique	133 mcg

Menu 12 *Hachis repensé !*

Hachis de porc et tofu
Riz vapeur au choix
Fruits

6 portions
Préparation : moins de 30 minutes
Cuisson : 15 minutes
Le hachis et le riz cuit se congèlent !

LISTE DE MARCHÉ
Repas principal et accompagnement

- porc ou veau haché maigre ou extramaigre (400 g/¾ à 1 lb)
- tofu ferme (454 g/16 oz), voir ✆ 42
- 4 oignons verts, voir ✆ 28
- 4 poivrons verts ou rouges
- 2 œufs
- 2 gousses d'ail, voir ✆ 2

Dessert

- fruits, voir ✆ 18

EN RÉSERVE
Repas principal et accompagnement

- huile d'olive, voir ✆ 25
- riz au choix, voir ✆ 32
- sauce tamari ou soja légère
- sauce de poisson
- miel, voir ✆ 26

Version végétarienne

Remplacer le porc par :

Une boîte de pois chiches ou de lentilles rincées et égouttées (540 ml/19 oz)

ou

une deuxième brique de tofu ferme (400 g/15 oz)

Hachis de porc et tofu

1.			
454 g	tofu ferme coupé en cubes	16 oz
30 ml	huile d'olive	2 c. à soupe

2.			
400 g	porc ou veau haché maigre ou extramaigre	¾ à 1 lb
4	oignons verts	4
2	gousses d'ail	2
4	poivrons verts ou rouges	4

3.			
30 ml	sauce de poisson	2 c. à soupe
20 ml	sauce tamari ou soja légère	4 c. à thé
2	œufs battus	2
5 ml	miel	1 c. à thé

1 Dans un wok ou dans un gros chaudron, faire revenir à feu moyen les cubes de tofu environ 3 à 4 minutes. Retirer du chaudron et réserver dans un plat. Conserver l'huile de cuisson.

2 Faire revenir le porc haché dans le wok ou le chaudron environ 5 à 7 minutes. Pendant ce temps, hacher les légumes au hachoir manuel ou à la main. Ajouter les légumes hachés au porc cuit et bien mélanger. Laisser mijoter à couvert environ 5 minutes. Bien mélanger à nouveau et s'assurer que la viande a perdu toute couleur rosée et est bien cuite.

3 Verser la sauce au poisson, la sauce tamari ou soja, les 2 œufs battus et le miel au mélange de viande. Bien mélanger. Ajouter le tofu et mélanger à nouveau. Servir accompagné d'un riz vapeur.

VALEUR NUTRITIVE PAR PORTION

Calories	250
Protéines	22 g
Glucides	11 g
Fibres alimentaires	2 g
Gras total	14 g
Saturés	3,5 g
Polyinsaturés	2,5 g
Oméga-3	0,2 g
Monoinsaturés	6,5 g
Calcium	168 mg
Fer	3 mg
Vitamine C	123 mg
Acide folique	51 mcg

Soupe repas aux boulettes
Petit pain de grains entiers
Yogourt et fruits des champs

6 portions
Préparation : moins de 30 minutes
Cuisson : 30 à 45 minutes
La soupe se congèle !

LISTE DE MARCHÉ

Repas principal et accompagnement

- bœuf haché extramaigre (340 g / ¾ lb)
- 2 oignons (petits) ou 1 moyen, voir 🍎 2
- 1 gousse d'ail, voir 🍎 2
- 1 courgette, voir 🍎 11
- champignons (125 ml/½ tasse)
- 1 branche de céleri
- 6 petits pains de grains entiers

Dessert

- yogourt et fruits des champs

EN RÉSERVE

Repas principal et accompagnement

- huile d'olive, voir 🍎 25
- couscous entier (125 ml/½ tasse), voir 🍎 32
- 1 boîte de haricots rouges (540 ml/19 oz), voir 🍎 24
- 1 boîte de tomates en dés (796 ml/28 oz), voir 🍎 2
- cumin
- 1 feuille de laurier
- sauce tabasco
- bouillon de bœuf, voir 🍎 7
- bouillon de légumes, voir 🍎 7

Soupe repas aux boulettes

1.

340 g	bœuf haché	¾ lb
125 ml	couscous entier non cuit	½ tasse
1	gousse d'ail hachée	1
1	oignon jaune (petit) ou ½ moyen haché finement	1

2.

30 ml	huile d'olive	2 c. à soupe
1	oignon jaune (petit) ou ½ moyen haché	1
1	courgette coupée en dés	1
1	branche de céleri hachée	1
125 ml	champignons tranchés	½ tasse

3.

500 ml	bouillon de bœuf	2 tasses
750 ml	bouillon de légumes	3 tasses
1	boîte de tomates en dés (796 ml/28 oz)	1
1	boîte de haricots rouges rincés et égouttés (540 ml/19 oz)	1
5 ml	cumin	1 c. à thé
6	gouttes de sauce tabasco	6
1	feuille de laurier	1
	sel et poivre	

1   Bien mélanger les ingrédients de l'étape 1 et faire de petites boulettes de la taille d'une bouchée.

2   Dans un gros chaudron, faire revenir sur feu moyen les boulettes et l'oignon 2 minutes dans l'huile d'olive. Ajouter les autres légumes. Cuire environ 5 à 7 minutes.

3   Ajouter tous les ingrédients de l'étape 3 et bien mélanger. Assaisonner. Baisser le feu et laisser mijoter à couvert environ 30 à 45 minutes. Servir.

VALEUR NUTRITIVE PAR PORTION	
Calories	360
Protéines	23 g
Glucides	35 g
Fibres alimentaires	8 g
Gras total	13 g
Saturés	4 g
Polyinsaturés	1 g
Oméga-3	0,1 g
Monoinsaturés	7 g
Calcium	114 mg
Fer	5 mg
Vitamine C	28 mg
Acide folique	74 mcg

Moussaka de la Méditerranée
Couscous et tomates confites
Coupe de poires pelées en morceaux et figues

8 portions
Préparation : moins de 30 minutes à deux !
Cuisson : 40 à 50 minutes
La moussaka et le couscous se congèlent !

LISTE DE MARCHÉ

Repas principal et accompagnement

- agneau ou veau haché extramaigre
  ou maigre (500 g/ 1¼ lb)
- 2 gros poivrons rouges ou verts, voir ♻ 2
- 2 petites aubergines, voir ♻ 2
- 3 petites courgettes, voir ♻ 11
- 1 oignon jaune, voir ♻ 2
- 3 grosses tomates fraîches, voir ♻ 2
- 3 gousses d'ail, voir ♻ 2
- tomates séchées ou déshydratées
  (80 ml/⅓ tasse), voir ♻ 43
- olives noires dénoyautées (125 ml/½ tasse)
- ricotta faible en gras (moins de 7 % m.g.)
  (500 ml/2 tasses), voir ♻ 17
- romano (125 ml/½ tasse)
- 3 œufs

Dessert

- poires fraîches
- 6 figues fraîches ou 4 figues séchées

EN RÉSERVE

Repas principal et accompagnement

- huile d'olive, voir ♻ 25
- boîte de tomates en dés (540 ml/19 oz)
- couscous entiers, voir ♻ 32
- bouillon de poulet, voir ♻ 7
- vinaigre balsamique
- muscade moulue, voir ♻ 13

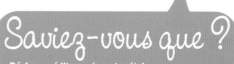

Saviez-vous que ?

Régime méditerranéen et crétois

Nous connaissons les vertus de l'alimentation méditerranéenne et crétoise et savons qu'elle protège des maladies cardiovasculaires.

En quoi consiste-t-elle ? Les différents pays bordant la Méditerranée possèdent leurs propres spécialités culinaires, mais certains ingrédients sont récurrents. Ainsi, cette alimentation contient davantage de céréales, de légumes et fruits frais, de légumineuses et de poisson que celle d'Amérique du Nord. De plus, la cuisson se fait dans l'huile d'olive et les repas sont souvent accompagnés de vin. La viande rouge y est moins présente.

L'alimentation crétoise apporterait des bénéfices encore plus grands sur la santé que celle de la Méditerranée. Elle repose principalement sur des céréales complètes, des légumes et fruits frais, des légumineuses, un peu de viande (principalement du mouton, jamais de bœuf), du poisson et des crustacés, du fromage de chèvre ou de brebis, du miel, de l'huile d'olive et du vin.

Moussaka de la Méditerranée

1.		
2	poivrons rouges ou verts	2
2	petites aubergines non pelées	2
3	petites courgettes	3
1	oignon jaune	1
soupçon	huile d'olive	soupçon
	Sel et poivre	
2.		
1	boîte de tomates en dés (540 ml/19 oz)	1
125 ml	olives noires dénoyautées	½ tasse
15 ml	vinaigre balsamique	1 c. à soupe
80 ml	tomates séchées ou déshydratées	⅓ tasse
au goût	poivre	au goût
3.		
500 g	agneau ou veau haché	1 ¼ lb
2	gousses d'ail hachées	2
Pincée	poivre	Pincée
4.		
3	œufs battus	3
500 ml	ricotta faible en gras	2 tasses
125 ml	romano râpé	½ tasse
1 ml	muscade moulue	¼ c. à thé

Préchauffer le four à 220 °C (425 °F).

1   Passer les légumes au hachoir et les déposer sur une plaque huilée. Saler et poivrer et cuire au four préchauffé environ 20 minutes. Retourner une fois. Retirer du four et réserver. Réduire la chaleur du four à 190 °C (375 °F).

2   Pendant ce temps, verser tous les ingrédients de l'étape 2 dans un chaudron et porter à ébullition. Baisser le feu et laisser mijoter environ 10 minutes. Verser le mélange dans le robot culinaire et réduire en une purée lisse. Réserver.

3   Dans une poêle antiadhésive, faire revenir à sec l'agneau et l'ail jusqu'à ce que la viande soit bien cuite. Défaire la viande à la fourchette. Jeter l'excédent de gras. Verser ensuite la viande dans un grand plat en verre allant au four (format 22,5 x 33 cm/9 x 13 po). Recouvrir du mélange de légumes grillés, puis verser le mélange de sauce tomate. Remuer un peu les légumes pour faire pénétrer la sauce.

4   Bien mélanger au fouet les ingrédients de l'étape 4 et étendre sur le dessus des légumes. Enfourner et cuire 40 à 50 minutes ou jusqu'à ce que le dessus soit légèrement doré.

Couscous et tomates confites

1.

750 ml	bouillon de poulet	3 tasses
500 ml	couscous entiers non cuit	2 tasses

2.

3	grosses tomates fraîches coupées en quartiers	3
1	gousse d'ail hachée	1
10 ml	huile d'olive	2 c. à thé

1 Porter le bouillon de poulet à ébullition dans un chaudron. Ajouter ensuite le couscous de grains entiers, retirer du feu et laisser reposer à couvert 15 minutes environ.

2 Pendant ce temps, faire revenir dans une casserole les tomates dans l'huile d'olive 5 à 7 minutes. Ajouter l'ail et cuire 2 minutes.

Servir les tomates confites sur le couscous en accompagnement avec la moussaka.

et pour dessert...

VALEUR NUTRITIVE
PAR PORTION (MOUSSAKA)

Calories	310
Protéines	26 g
Glucides	21 g
Fibres alimentaires	6 g
Gras total	15 g
Saturés	7 g
Polyinsaturés	1 g
Oméga-3	0,2 g
Monoinsaturés	5,5 g
Calcium	316 mg
Fer	2 mg
Vitamine C	84 mg
Acide folique	81 mcg

VALEUR NUTRITIVE
PAR PORTION (COUSCOUS)

Calories	200
Protéines	8 g
Glucides	39 g
Fibres alimentaires	2,5 g
Gras total	2 g
Saturés	0 g
Polyinsaturés	0,5 g
Oméga-3	0 g
Monoinsaturés	1 g
Calcium	26 mg
Fer	1 mg
Vitamine C	9 mg
Acide folique	22 mcg

Menu 15 *Menu végétarien aux saveurs d'Italie!*

Salade au parmesan
Spaghetti version végétarienne
Yogourt et bleuets

LISTE DE MARCHÉ
Repas principal et accompagnement

- laitue romaine (1½ l/6 tasses), voir ⏱ 36
- cresson frais (facultatif) (125 ml/½ tasse), voir ⏱ 36
- 1 oignon rouge (60 ml/¼ tasse)
- 1 gousse d'ail, voir ⏱ 2
- 1 citron ou jus de citron (30 ml/2 c. à soupe)
- parmesan frais râpé (30 ml/2 c. à soupe), voir ⏱ 17
- spaghettis de grains entiers (375 g/13 oz), voir ⏱ 32
- croûtons à salade nature (facultatif)

Dessert

- yogourt nature ou vanille, voir ⏱ 46
- bleuets, voir ⏱ 2

EN RÉSERVE
Repas principal et accompagnement

- sauce végétarienne congelée (voir Liste de marché, si vous n'avez pas de sauce en réserve)
- huile de noix (facultatif), voir ⏱ 25
- moutarde à l'ancienne ou de Dijon
- huile d'olive, voir ⏱ 25

LISTE DE MARCHÉ
Sauce végétarienne

- 1 bloc de tofu régulier (454 g/16 oz), voir ⏱ 42
- ½ pied de céleri
- 4 oignons jaunes moyens
- 2 gousses d'ail, voir ⏱ 2
- 1 poivron rouge, voir ⏱ 2
- 2 poivrons verts, voir ⏱ 2

4 portions
Préparation : moins de 30 minutes
Cuisson : 5 à 10 minutes
(si la sauce est déjà préparée)
La sauce végétarienne se congèle !

EN RÉSERVE
Sauce végétarienne

- huile d'olive, voir ⏱ 25
- 2 boîtes de tomates en dés (796 ml/28 oz)
- 2 boîtes de pâte de tomate (concentré de tomate) (156 ml/5,5 oz)
- 2 boîtes de sauce tomate (213 ml/7,5 oz)
- 2 boîtes de jus de tomate (540 ml/19 oz)
- 1 boîte de lentilles vertes ou brunes (540 ml/19 oz), voir ⏱ 24
- sauce tabasco
- sauce tamari ou soja légère
- sauce worcestershire
- sarriette - origan – thym - feuilles de laurier, voir ⏱ 13
- assaisonnement à l'italienne - marjolaine - piment broyé, voir ⏱ 13
- vin blanc
- sel et poivre, voir ⏱ 37

Version carnivore!

La version traditionnelle à la viande est disponible à la section 4, recette 1.

Spaghetti version végétarienne

375 g	spaghetti*	13 oz

Cuire les pâtes selon les indications du fabricant. Égoutter les pâtes et arroser de la sauce végétarienne (voir ci-dessous).

* Varier la forme de pâtes : rotini, linguine, spaghetti... et également le type de grains, comme des pâtes de blé entier, de kamut, de sarrasin... Voir ☺ 32, produits céréaliers/pâtes.

Sauce végétarienne

1.	60 ml	huile d'olive	¼ tasse
	½ pied	céleri	½ pied
	4	oignons	4
	1	poivron rouge	1
	2	poivrons verts	2
	2	gousses d'ail hachées finement	2
2.	2	boîtes de tomates en dés (796 ml/28 oz)	2
	2	boîtes de pâte de tomate (concentré de tomate) (156 ml/5,5 oz)	2
	2	boîtes de sauce tomate (213 ml/7,5 oz)	2
	au goût	sel et poivre	au goût
	2 ml	origan	½ c. à thé
	2 ml	sarriette	½ c. à thé
	2 ml	assaisonnement à l'italienne	½ c. à thé
	2 ml	marjolaine	½ c. à thé
	2 ml	piment broyé	½ c. à thé
	2 ml	thym	½ c. à thé
	6	feuilles de laurier	6
	6	gouttes de tabasco	6
	5 ml	sauce worcestershire	1 c. à thé
	60 ml	vin blanc	¼ tasse
	250 ml	sauce tamari ou soja légère	1 tasse
	1 bloc	tofu régulier râpé (454 g/16 oz)	1 bloc
	1 à 2	boîtes de jus de tomate (540 ml/19 oz)	1 à 2
3.	1	boîte de lentilles rincées et égouttées (540 ml/19 oz)	1

1 Passer les légumes au hachoir ou couper en cubes. Dans un grand chaudron, cuire les légumes de l'étape 1 dans l'huile environ 15 minutes.

2 Ajouter les ingrédients de l'étape 2. Verser d'abord 1 boîte de jus de tomate au mélange. Selon la texture désirée, ajouter du jus au besoin. Cuire à couvert à feu moyen doux environ 1½ heure. Remuer à l'occasion pour éviter que la sauce colle au fond.

3 Ajouter ensuite les lentilles à la sauce et bien mélanger. Continuer la cuisson environ 20 minutes.

Salade au parmesan

1.

1½ L	romaine déchiquetée	6 tasses
125 ml	cresson frais (facultatif)	½ tasse
60 ml	oignon rouge haché finement	¼ tasse

vinaigrette

2.

1	gousse d'ail hachée finement	1
45 ml	huile de noix* ou d'olive	3 c. à soupe
30 ml	moutarde à l'ancienne	2 c. à soupe
30 ml	jus de citron	2 c. à soupe
au goût	poivre	au goût

3.

30 ml	parmesan frais râpé	2 c. à soupe

croûtons à salade nature (facultatif)

1 Mélanger les légumes de l'étape 1.

2 Bien mélanger les ingrédients de la vinaigrette et verser environ 60 ml/¼ tasse de la vinaigrette sur la salade. Réfrigérer le reste.

3 Ajouter le parmesan sur la salade. Mélanger et servir !

Truc

Accompagnez toujours votre plat de pâtes d'une bonne portion de légumes composée d'une salade, de légumes d'accompagnement ou de crudités. Ainsi, vous consommerez moins de pâtes et augmenterez votre apport en fibres et en antioxydants.

TRUC : Remplacez les pâtes par une courge spaghetti, voir ⌚ 10.

VALEUR NUTRITIVE PAR PORTION (SPAGHETTI)

Calories	545
Protéines	26 g
Glucides	101 g
Fibres alimentaires	14 g
Gras total	8 g
Saturés	1,5 g
Polyinsaturés	2,5 g
Oméga-3	0,2 g
Monoinsaturés	4 g
Calcium	251 mg
Fer	9 mg
Vitamine C	68 mg
Acide folique	174 mcg

VALEUR NUTRITIVE PAR PORTION (SALADE)

Calories	135
Protéines	3 g
Glucides	5 g
Fibres alimentaires	2 g
Gras total	12 g
Saturés	2 g
Polyinsaturés	1,5 g
Oméga-3	0,2 g
Monoinsaturés	8 g
Calcium	84 mg
Fer	1 mg
Vitamine C	28 mg
Acide folique	124 mcg

Note

* On trouve l'huile de noix dans les épiceries fines et de plus en plus chez l'épicier. Elle est plus coûteuse, mais son goût est délicieux. Elle contient également des acides gras oméga-3 de source végétale. On ne doit pas la chauffer.

Rotini et tofu rouge tomate
Prune
Tisane parfumée au goût*

6 portions
(restes pour les lunchs
ou autres repas)
Préparation : moins de 30 minutes
Cuisson : 25 minutes
Le rotini au tofu se congèle !

LISTE DE MARCHÉ

Repas principal et accompagnement

- 2 oignons moyens, voir ☼ 2
- 2 poivrons rouges ou jaunes, voir ☼ 14 (absorption du fer végétal)
- fleurs de brocoli (environ 500 ml/2 tasses), voir ☼ 2
- 2 gousses d'ail, voir ☼ 2
- 1 brique de tofu régulier (454 g/16 oz), voir ☼ 42
- rotini de blé entier (500 ml/2 tasses), voir ☼ 32
- crème sure 14 % m.g. (125 ml/½ tasse)
- parmesan râpé (30 ml/2 c. à soupe)
- mozzarella faible en gras râpée (250 ml/1 tasse), voir ☼ 17 (moins de 20 % m.g.)

Dessert

- 6 prunes ou autres fruits au choix, voir ☼ 2 et 18

EN RÉSERVE

Repas principal et accompagnement

- huile d'olive, voir ☼ 25
- 1 boîte de tomates en dés (796 ml/28 oz), voir ☼ 2
- sauce tamari ou soja légère
- sauce tabasco
- sauce worcestershire
- assaisonnement à l'italienne, voir ☼ 13
- tisane parfumée de votre choix

Note

* On retrouve une grande variété de thés et tisanes dans les boutiques spécialisées comme les épiceries fines ou les magasins d'aliments naturels. Ils sont de qualité supérieure et ont un goût beaucoup plus raffiné. Il existe différentes variétés décaféinées pour les gens au sommeil plus fragile.

Rotini et tofu rouge tomate

1.	500 ml	rotinis de blé entier sèches	2 tasses
2.	15 ml	huile d'olive	1 c. à soupe
	2	oignons moyens hachés*	2
	2	poivrons rouges ou jaunes hachés*	2
	500 ml	fleurs de brocoli lavées et hachées*	2 tasses
	1	brique de tofu régulier (454 g/16 oz) râpé ou haché*	1
	2	petites gousses d'ail hachées finement	2
	1	boîte de tomates en dés (796 ml/28 oz)	1
	30 ml	sauce tamari ou soja légère	2 c. à soupe
	6 gouttes	sauce tabasco	6 gouttes
	5 ml	sauce worcestershire	1 c. à thé
	5 ml	assaisonnement à l'italienne	1 c. à thé
	au goût	poivre moulu	au goût
3.	125 ml	crème sure 14 % m.g.	½ tasse
	250 ml	mozzarella faible en gras râpée	1 tasse
4.	30 ml	parmesan râpé	2 c. à soupe

Préchauffer le four à 180 °C (350 °F).

1   Faire cuire les rotinis *al dente* dans l'eau bouillante environ 8 à 10 minutes. Égoutter et réserver.

2   Dans un chaudron, faire revenir l'oignon et les poivrons dans l'huile d'olive jusqu'à transparence des oignons, environ 3 minutes. Ajouter l'ail et cuire 2 minutes. Ajouter le tofu rapé et le reste des ingrédients de l'étape 2. Bien mélanger et porter à ébullition.

3   Éteindre le feu, ajouter la crème sure et bien mélanger. Verser les pâtes dans un grand plat en verre ou en céramique allant au four (format minimum de 22,5 x 33 cm/9 x 13 po) et verser le mélange de légumes et de tofu. Mélanger légèrement la sauce et les pâtes. Couvrir de mozzarella râpée. Cuire au four préchauffé pendant environ 20 minutes.

4   Saupoudrez chaque assiette de parmesan au service!

Truc

* Vous pouvez passer les oignons, les poivrons, le tofu et le brocoli au hachoir manuel pour accélérer le travail.

VALEUR NUTRITIVE PAR PORTION	
Calories	375
Protéines	21 g
Glucides	50 g
Fibres alimentaires	7,5 g
Gras total	13 g
Saturés	5 g
Polyinsaturés	3 g
Oméga-3	0,4 g
Monoinsaturés	4,5 g
Calcium	530 mg
Fer	7 mg
Vitamine C	147 mg
Acide folique	88 mcg

Petite salade verte
Linguines aux fruits de mer
Pommes tranchées, quelques canneberges et yogourt à la vanille

LISTE DE MARCHÉ

Repas principal et accompagnement

- fruits de mer (500 g/1¼ lb) ou saumon ou palourdes fraîches ou en conserve
- laitue romaine (750 ml/3 tasses), voir 🍎 36
- 1 poivron rouge ou vert, voir 🍎 2
- 1 oignon jaune
- 2 tomates moyennes, voir 🍎 2
- 1 gousse d'ail, voir 🍎 2
- linguines de grains entiers sèches (1 paquet de 375 g/13 oz), voir 🍎 32
- crème 10 % (125 ml/½ tasse)
- 1 citron ou jus de citron (15 ml/1 c. à soupe)
- vin rouge pour accompagner le repas (facultatif), voir 🍎 1

Dessert

- yogourt à la vanille (250 ml/1 tasse), voir 🍎 46
- 2 pommes, voir 🍎 2
- canneberges (60 ml/¼ tasse), voir 🍎 2

EN RÉSERVE

Repas principal et accompagnement

- huile d'olive/huile de canola, voir 🍎 25
- vin blanc
- moutarde de Dijon ou à l'ancienne
- bouillon de poulet, voir 🍎 7
- 1 boîte de sauce tomate (213 ml/7,5 oz)
- cari en poudre/thym/marjolaine
- basilic/assaisonnement à l'italienne, curcuma, voir 🍎 13
- farine blanche tout usage

Préparez doucement avec un bon verre de vin*

6 portions

Préparation : moins de 30 minutes

Cuisson : 20 minutes

La sauce se congèle !

Note

* Que veut dire boire modérément ? Cela signifie ne pas consommer plus de 1 à 2 verres d'alcool quotidiennement, jusqu'à un maximum de 14 verres par semaine pour les hommes et 9, pour les femmes. Voir 🍎 1.

Variante fruits de mer

Choisissez des fruits de mer frais ou surgelés crus qui seront plus tendres après la cuisson, par exemple, crevettes, pétoncles, homard... Suivez les instructions de l'emballage pour la décongélation et la cuisson. Les crevettes sont proposées non décortiquées ou décortiquées, cette dernière version est plus rapide mais un peu plus dispendieuse.

Ou remplacez les fruits de mer par 2 boîtes de saumon égoutté (213 g /7,5 oz) ou de thon (170 g/6 oz).

Les palourdes fraîches ou en boîte constituent également un excellent choix. Elles contiennent 5 fois plus de fer que le foie de bœuf. Voir 🍎 29.

Linguine sauce aux fruits de mer

1.

30 ml	huile d'olive	2 c. à soupe
1	poivron rouge ou vert	1
1	oignon	1
1	gousse d'ail	1

2.

30 ml	farine tout usage	2 c. à soupe
250 ml	bouillon de poulet	1 tasse
1	boîte de sauce tomate (213 ml/7,5 oz)	1
60 ml	vin blanc	¼ tasse
5 ml	cari	1 c. à thé
10 ml	curcuma	2 c. à thé
2 ml	marjolaine	½ c. à thé
2 ml	basilic	½ c. à thé
2 ml	thym	½ c. à thé

3.

500 g	fruits de mer au choix : crevettes, palourdes, crabe ou pétoncles	1¼ lb
125 ml	crème 10 %	½ tasse
	sel, poivre	

4.

1	paquet de 375 g/13 oz de linguines de grains entiers sèches	1

1 Passer le poivron et l'oignon au hachoir. Faire revenir 5 à 7 minutes le poivron et l'oignon dans l'huile à feu moyen dans une casserole. Ajouter l'ail et cuire environ 2 minutes.

2 Réduire le feu à moyen-doux. Saupoudrer la farine sur le mélange de légumes. Bien mélanger et cuire 1 minute. Ajouter le bouillon de poulet en une fois et bien lier la sauce. Ajouter le reste des ingrédients de l'étape 2 et bien mélanger.

3 Ajouter les fruits de mer et cuire juste assez pour qu'ils restent tendres, soit environ 3 minutes pour les crevettes (si elles sont crues, elles passeront du gris au rose); environ 2 à 3 minutes pour les pétoncles (jusqu'à ce qu'ils ne soient plus translucides); un peu plus longtemps si les fruits de mer sont plus gros. Ajouter la crème et assaisonner. Bien mélanger.

4 Faire cuire les linguines dans l'eau bouillante jusqu'à ce qu'elles soient *al dente*, selon les instructions du fabricant. Égoutter. Arroser de la sauce et servir!

VALEUR NUTRITIVE PAR PORTION	
Calories	505
Protéines	33 g
Glucides	72 g
Fibres alimentaires	8 g
Gras total	11 g
Saturés	3 g
Polyinsaturés	1,5 g
Oméga-3	0,4 g
Monoinsaturés	5 g
Calcium	128 mg
Fer	6 mg
Vitamine C	99 mg
Acide folique	80 mcg

Petite salade verte

	Laitue romaine	
	tomates en tranches	
	poivre	
	Vinaigrette	
15 ml	huile de canola	1 c. à soupe
15 ml	jus de citron frais	1 c. à soupe
5 ml	moutarde de Dijon ou à l'ancienne	1 c. à thé
5 ml	assaisonnement à l'italienne	1 c. à thé

Préparer la vinaigrette. Diviser la laitue dans six assiettes. Ajouter les tomates, verser la vinaigrette et poivrer.

et pour dessert...

Menu 18 *Menu express délicieux !*

Salade multicolore

Pizza* pita fromage de chèvre et tofu

Mousse aux bananes

4 portions
Préparation : moins de 30 minutes
Cuisson : 15 minutes
La pizza se congèle !

LISTE DE MARCHÉ
Repas principal et accompagnement

- laitue romaine (750 ml/3 tasses), voir ♡ 36
- 2 poivrons rouges ou jaunes, voir ♡ 2
- champignons frais (125 ml/½ tasse)
- 1 oignon vert, voir ♡ 28
- 1 gousse d'ail, voir ♡ 2
- tofu ferme (225 g/8 oz), voir ♡ 42
- 3 grosses tomates, voir ♡ 2
- ciboulette fraîche ou séchée (5 ml/1 c. à thé), voir ♡ 13
- basilic frais (60 ml/¼ tasse) ou séché (5 ml/1 c. à thé), voir ♡ 13
- olives noires dénoyautées (125 ml/½ tasse)
- 4 pains pita de blé (environ 18 cm/7 po de diamètre)
- fromage de chèvre léger (200 g/½ lb), voir ♡ 17

Dessert

- 1 paquet de tofu ferme soyeux (350 g/12 oz), voir ♡ 42
- 2 grosses bananes bien mûres fraîches ou congelées**, voir ♡ 4
- 1 citron ou jus de citron (30 ml/2 c. à soupe)

EN RÉSERVE
Repas principal et accompagnement

- huile d'olive, voir ♡ 25
- vinaigre de vin, voir ♡ 44

Dessert

- sirop d'érable, voir ♡ 38

Truc

* Vous pouvez varier les types de pizzas selon le goût du moment et pour vous faire des provisions au congélateur !

Voir Recette 9, section 4

Truc

** Congelez les bananes bien mûres sans la pelure.

Pizza pita fromage de chèvre et tofu

1.

½	paquet de tofu régulier (225 g/8 oz) râpé	½
3	grosses tomates coupées en dés	3
1	gousse d'ail hachée	1
125 ml	olives noires dénoyautées et tranchées	½ tasse
5 ml	ciboulette fraîche ou séchée	1 c. à thé
60 ml	basilic frais	¼ tasse
	ou	
5 ml	basilic séché	1 c. à thé
30 ml	huile d'olive	2 c. à soupe
au goût	sel et poivre	au goût

2.

4	pains pita de blé d'environ 18 cm/7 po de diamètre	4
200 g	fromage de chèvre léger émietté ou coupé en tranches	½ lb

Préchauffer le four à 200 °C (400 °F).

1   Mélanger tous les ingrédients de l'étape 1 dans un grand bol. Déposer les pitas sur une plaque à cuisson et diviser le mélange sur les pitas.

2   Déposer le fromage de chèvre sur chaque pita. Cuire au four préchauffé 10 à 15 minutes.

VALEUR NUTRITIVE PAR PORTION	
Calories	455
Protéines	22 g
Glucides	44 g
Fibres alimentaires	7,5 g
Gras total	24 g
Saturés	9 g
Polyinsaturés	3,5 g
Oméga-3	0,3 g
Monoinsaturés	9,5 g
Calcium	313 mg
Fer	7 mg
Vitamine C	19 mg
Acide folique	59 mcg

Salade multicolore

1.	750 ml	laitue romaine déchiquetée	3 tasses
	2	poivrons rouges ou jaunes en dés	2
	1	oignon vert haché	1
	125 ml	champignons frais tranchés	½ tasse

Vinaigrette

2.	45 ml	huile d'olive	3 c. à soupe
	20 ml	vinaigre de vin	4 c. à thé
	au goût	poivre	au goût

1   Bien mélanger tous les légumes et la laitue dans un bol à salade. Diviser dans 4 assiettes.

2   Bien mélanger les ingrédients de la vinaigrette et verser sur chaque assiette.

VALEUR NUTRITIVE PAR PORTION (SALADE)	
Calories	70
Protéines	1 g
Glucides	5 g
Fibres alimentaires	1,5 g
Gras total	6 g
Saturés	1 g
Polyinsaturés	0,5 g
Oméga-3	0,1 g
Monoinsaturés	4 g
Calcium	16 mg
Fer	1 mg
Vitamine C	103 mg
Acide folique	54 mcg

VALEUR NUTRITIVE PAR PORTION (MOUSSE)	
Calories	135
Protéines	7 g
Glucides	23 g
Fibres alimentaires	1 g
Gras total	3 g
Saturés	0,5 g
Polyinsaturés	1,5 g
Oméga-3	0 g
Monoinsaturés	0,5 g
Calcium	38 mg
Fer	1 mg
Vitamine C	9 mg
Acide folique	12 mcg

Mousse aux bananes

1 paquet	tofu ferme soyeux (350 g/12 oz)	1 paquet
2	grosses bananes mûres	2
30 ml	jus de citron	2 c. à soupe
15 ml	sirop d'érable	1 c. à soupe

Battre tous les ingrédients au mélangeur jusqu'à consistance onctueuse.

Menu 19 *Menu léger vite fait*

Soupe repas aux haricots rouges
Sandwich aux 2 tomates et fromage suisse
Coupe de fraises et kiwis

4 portions
Préparation : moins de 30 minutes
Cuisson : 30 minutes
La soupe se congèle !

LISTE DE MARCHÉ

Repas principal et accompagnement

- laitue au choix (4 feuilles), voir ⏱ 36
- 3 tomates fraîches, voir 🍎 2
- tomates séchées marinées* ou tomates déshydratées en sachet (60 ml/¼ tasse), voir ⏱ 43
- épinards frais (¼ sac - environ 500 ml/2 tasses)
- 1 carotte
- 1 oignon moyen
- 4 tranches de fromage suisse faible en gras, voir ⏱ 17
- rotini de blé entier (250 ml/1 tasse), voir 🍎 32
- pain sandwich de grains entiers au choix (8 tranches), voir 🍎 32
- maïs en grains surgelés (250 ml/1 tasse)

Dessert

- fraises et 4 kiwis, voir ⏱ 14 et 🍎 2

EN RÉSERVE

Repas principal et accompagnement

- huile d'olive, voir 🍎 25
- bouillon de poulet, voir 🍎 7
- sauce tabasco
- 1 boîte de tomates en dés (540 ml/19 oz)
- 1 boîte de haricots rouges (540 ml/19 oz), voir 🍎 24, 16

Saviez-vous que ?

Il existe 2 types de fer :

* le fer contenu dans les végétaux;

* le fer contenu dans la chair animale. Ce type de fer est mieux absorbé.

La vitamine C, environ 75 mg, augmente l'absorption du fer contenu autant dans la chair animale que dans les végétaux.

De plus, une petite quantité de chair animale favorisera l'absorption du fer contenu dans les protéines d'un repas végétarien.

Tous les menus végétariens proposés dans ce livre comportent suffisamment de vitamine C dans les ingrédients du mets principal. Ce menu est le seul des 21 qui nécessite une source de vitamine C supplémentaire, c'est pourquoi le dessert proposé est riche en vitamine C. Consultez la référence ⏱ 14 tableau 5 pour d'autres sources de vitamine C.

Note

* Tomates séchées

On les trouve déjà marinées ou déshydratées. Placez la quantité de tomates déshydratées désirée dans de l'eau bouillante 5 minutes. Ensuite, égouttez puis déposez dans un bocal avec un peu d'huile d'olive, voir ⏱ 43. Vous pouvez remplacer les tomates séchées par du pesto aux tomates séchées.

Sandwich aux 2 tomates et fromage suisse

8	tranches de pain sandwich de grains entiers rôties	8
4	tranches de fromage suisse faible en gras	4
3	tomates fraîches tranchées	3
	sel et poivre	
60 ml	tomates séchées marinées dans l'huile et hachées	¼ tasse
4	feuilles de laitue	4

VALEUR NUTRITIVE PAR PORTION	
Calories	265
Protéines	14 g
Glucides	33 g
Fibres alimentaires	5,5 g
Gras total	11 g
Saturés	5 g
Polyinsaturés	1 g
Oméga-3	0,1 g
Monoinsaturés	3,5 g
Calcium	256 mg
Fer	3 mg
Vitamine C	19 mg
Acide folique	47 mcg

Soupe repas aux haricots rouges (8 à 10 portions)

1.

15 ml	huile d'olive	1 c. à soupe
1	oignon moyen	1
1	carotte	1

2.

250 ml	rotini de blé entier	1 tasse
1	boîte de tomates en dés (540 ml/19 oz)	1
2 litres	bouillon de poulet	8 tasses

3.

500 ml	épinards frais déchiquetés	2 tasses
250 ml	maïs en grains surgelés	1 tasse
1	boîte haricots rouges rincés et égouttés (540 ml/19 oz)	1
quelques gouttes	tabasco	quelques gouttes
	sel et poivre	

1 Passer les légumes au hachoir. Dans un chaudron à feu moyen, faire revenir les légumes de l'étape 1 dans l'huile d'olive 7 à 8 minutes.

2 Ajouter les ingrédients de l'étape 2. Porter à ébullition, puis baisser le feu et laisser mijoter le temps nécessaire pour que les pâtes soient *al dente*, environ 10 à 15 minutes selon les instructions du fabricant.

3 Ajouter les épinards, le maïs en grains et les légumineuses et cuire encore 5 minutes ou juste assez pour réchauffer. Servir !

VALEUR NUTRITIVE PAR PORTION	
Calories	150
Protéines	9 g
Glucides	27 g
Fibres alimentaires	6 g
Gras total	2 g
Saturés	0,5 g
Polyinsaturés	0,5 g
Oméga-3	0,1 g
Monoinsaturés	1 g
Calcium	58 mg
Fer	2 mg
Vitamine C	12 mg
Acide folique	69 mcg

et pour dessert...

Ragoût de lentilles à l'indienne sur un lit de riz basmati
Yogourt

6 portions
Préparation : moins de 30 minutes
Cuisson : 45 minutes
Le ragoût se congèle !

LISTE DE MARCHÉ

Repas principal et accompagnement

• navet ou rutabaga (250 ml/1 tasse)
• 6 branches de céleri
• 2 poivrons rouges ou jaunes, voir 🍎 2
• 3 gousses d'ail, voir ⏱ 2

Dessert

• yogourt au choix pour le dessert, voir ⏱ 46

EN RÉSERVE

Repas principal et accompagnement

• huile d'olive, voir ⏱ 25
• bouillon de légumes, voir ⏱ 7
• 2 boîtes de lentilles brunes (540 ml/19 oz), voir ⏱ 24
• 1 boîte de tomates en dés (796 ml/28 oz), voir ⏱ 2
• cumin moulu, cari, cannelle, voir 🍎 13
• feuille de laurier, curcuma, voir ⏱ 13
• riz basmati, brun ou sauvage, voir 🍎 32

Saviez-vous que ?

Le basmati tient son origine du Nord de l'Inde.

Achat

On trouve sur le marché deux types de riz basmati, le blanc et le brun. Ce dernier contient plus de fibres, de vitamines et de minéraux. Vous les trouverez dans les magasins d'aliments naturels mais aussi dans les supermarchés. Les deux variétés sont très intéressantes sur le plan gustatif.

Quelques vérités sur la cuisine indienne !

Le mot curry provient de l'anglais et dérive de kari, qui signifie tout simplement *sauce*.

La cuisine indienne est extrêmement goûteuse en raison de la diversité de ses ingrédients et de ses épices. Ainsi, elle utilise environ 25 épices pilées au mortier et savamment choisies pour chaque plat :

• piment rouge et poivre pour les plats très épicés;
• gingembre pour les aliments moins relevés;
• cardamome, muscade, cannelle, cumin, clous de girofle, curcuma et ail sont également très utilisés;
• le safran donne au riz son goût particulièrement fin et sa coloration jaune.
• De nombreuses sauces masala contiennent de la coriandre, ce qui donne une sauce à la fois forte et acidulée.
• Le garam masala est un mélange de poivre, de clous de girofle, de cannelle, de cardamome et de cumin.
• La menthe, le laurier, le sésame, l'aneth, les graines d'oignon et la moutarde occupent aussi une grande place dans la cuisine indienne.

Navet ou rutabaga ?

Le navet est un légume racine dont la chair est blanche. Au Québec, on le confond souvent avec le rutabaga dont la chair est jaune et que l'on nomme aussi chou-navet ou chou siam. Les deux font partie de la famille des choux.

Note

Un cuiseur pour le riz est très rapide et pratique. Il en existe plusieurs formats et variétés. Pas besoin de payer une fortune pour s'en procurer un de qualité.

Ragoût de lentilles à l'indienne

1.

15 ml	huile d'olive	1 c. à soupe
250 ml	navet ou rutabaga haché ou coupé en dés	1 tasse
6	branches de céleri hachées ou coupées en dés	6
2	poivrons rouges ou jaunes hachés ou coupés en dés	2
3	gousses d'ail hachées finement	3

2.

1	boîte de tomates en dés (796 ml/28 oz)	1
2	boîtes de lentilles rincées et égouttées (540 ml/19 oz)	2
250 ml	bouillon de légumes	1 tasse
1	feuille de laurier	1
5 ml	curcuma	1 c. à thé
5 ml	cari	1 c. à thé
5 ml	cumin moulu	1 c. à thé
2 ml	cannelle	½ c. à thé
	sel et poivre	

3.

riz Basmati

1 Dans un gros chaudron à couvert, faire cuire les légumes de l'étape 1 dans l'huile à feu moyen-doux environ 7 à 8 minutes. Remuer de temps en temps.

2 Ajouter tous les ingrédients de l'étape 2 et cuire environ 15 minutes ou jusqu'à ce que les légumes soient encore croquants.

3 Servir sur un lit de riz. Voir cuisson ♨ 32.

VALEUR NUTRITIVE PAR PORTION	
Calories	290
Protéines	17 g
Glucides	52 g
Fibres alimentaires	11,5 g
Gras total	4 g
Saturés	0,5 g
Polyinsaturés	1 g
Oméga-3	0,1 g
Monoinsaturés	2 g
Calcium	118 mg
Fer	8 mg
Vitamine C	149 mg
Acide folique	347 mcg

Croque-tofu aux saveurs de la Méditerranée
Salade minute au basilic et feta
Coupe de fruits avec oranges en morceaux et dattes

4 portions
Préparation : moins de 30 minutes
Cuisson : 15 minutes

LISTE DE MARCHÉ

Repas principal et accompagnement

- laitue au choix (1¼ tasse), voir ○ 36
- 2 tomates fraîches, voir ○ 2
- 2 poivrons rouges ou verts, voir ○ 14 et ○ 2
- 1 gousse d'ail, voir ○ 2
- 1 citron ou jus de citron (10 ml/2 c. à thé)
- 6 tomates séchées marinées, ou tomates déshy-dratées, voir ○ 43, ou pesto aux tomates séchées
- basilic frais (45 ml/3 c. à soupe) ou séché (5 ml/1 c. à thé), voir ○ 13
- pain de grains entiers au choix (6 à 8 tranches), voir ○ 32
- 1 paquet de tofu ferme (454 g/16 oz), voir ○ 42
- fromage de chèvre allégé (125 g/¼ lb), voir ○ 17 ou autre fromage au choix
- feta allégée (30 ml/2 c. à soupe), voir ○ 17

Dessert

- 2 oranges, voir ○ 2
- dattes séchées (4 à 6)

EN RÉSERVE

Repas principal et accompagnement

- huile d'olive, voir ○ 25
- vinaigre balsamique

Salade minute au basilic et feta

1.	1 L	laitue au choix déchiquetée	4 tasses
2.	30 ml	feta allégée émiettée	2 c. à soupe
	1	tomate fraîche en cubes	1
	2	poivrons rouges ou verts hachés ou en cubes	2
	20 ml	huile d'olive	4 c. à thé
	10 ml	jus de citron	2 c. à thé
	45 ml	basilic frais haché	3 c. à soupe
		ou	
	5 ml	basilic séché	1 c. à thé
	au goût	poivre	au goût

1 Diviser la laitue dans 4 assiettes de service.

2 Mélanger tous les ingrédients de l'étape 2 et en garnir la laitue.

VALEUR NUTRITIVE PAR PORTION	
Calories	85
Protéines	3 g
Glucides	7 g
Fibres alimentaires	2 g
Gras total	6 g
Saturés	1,5 g
Polyinsaturés	0,5 g
Oméga-3	0,1 g
Monoinsaturés	3,5 g
Calcium	56 mg
Fer	1 mg
Vitamine C	123 mg
Acide folique	63 mcg

Croque-tofu aux saveurs de la Méditerranée

1.

6 à 8	tranches de pain de grains entiers au choix	6 à 8

2.

60 ml	vinaigre balsamique	¼ tasse
1	gousse d'ail hachée	1
1 paquet	tofu ferme (454 g/1 lb) râpé	1 paquet

3.

1	tomate fraîche en cubes	1
6	tomates séchées* marinées et hachées ou pesto aux tomates séchées	6
125 g	fromage de chèvre allégé émietté ou tranché ou autre fromage au choix	¼ lb
	poivre	

Préchauffer le four à 180 °C (350 °F).

1   Étaler les tranches de pain sur une plaque à cuisson.

2   Mélanger le tofu, l'ail et le vinaigre balsamique. Bien égoutter le tofu et diviser sur toutes les tranches de pain.

3   Mélanger tous les ingrédients de l'étape 3 et déposer sur les tranches de pain. Cuire au four préchauffé 15 minutes environ ou jusqu'à ce que le fromage soit légèrement fondu.

Truc cuisine...

* Vous pouvez remplacer les tomates séchées par du pesto aux tomates séchées que vous tartinez sur les tranches de pain.

VALEUR NUTRITIVE PAR PORTION

Calories	330
Protéines	21 g
Glucides	33 g
Fibres alimentaires	5,5 g
Gras total	15 g
Saturés	6 g
Polyinsaturés	4 g
Oméga-3	0,4 g
Monoinsaturés	4 g
Calcium	491 mg
Fer	9 mg
Vitamine C	11 mg
Acide folique	57 mcg

Section 4

Des plats à congeler

Temps de congélation : voir section 2
« Thermoguide »

Se congèle

Recette 1

Sauce végétarienne

12 portions
Se congèle

LISTE DE MARCHÉ

- 1 paquet de tofu régulier (454 g/16 oz), voir ⏱ 42
- ½ pied de céleri
- 4 oignons moyens
- 2 gousses d'ail, voir ⏱ 2
- 1 poivron rouge, voir ⏱ 2
- 2 poivrons verts

EN RÉSERVE

- huile d'olive, voir ⏱ 25
- 2 boîtes de tomates en dés (796 ml/28 oz)
- 2 boîtes de pâte de tomate (concentré de tomate) (156 ml/5,5 oz)
- 2 boîtes de sauce tomate (213 ml/7,5 oz)
- 2 boîtes de jus de tomate (540 ml/19 oz)
- 1 boîte de lentilles vertes ou brunes (540 ml/19 oz), voir ⏱ 24
- sauce tabasco
- sauce tamari légère
- sauce worcestershire
- sarriette - origan – thym - feuilles de laurier, voir ⏱ 13
- assaisonnement à l'italienne - marjolaine - piment broyé, voir ⏱ 13
- vin blanc
- sel et poivre, voir ⏱ 37
- pâtes de blé entier, voir ⏱ 32

Version carnivore !

Transformez cette sauce végétarienne en « sauce à la viande traditionnelle » en remplaçant les lentilles et le tofu par de la viande (bœuf ou veau) maigre ou extramaigre hachée (1 kg/2 lb) que vous aurez pris soin de faire cuire, dans l'huile d'olive, juste avant les légumes.

VALEUR NUTRITIVE
PAR PORTION

Calories	220
Protéines	12 g
Glucides	31 g
Fibres alimentaires	6,5 g
Gras total	7 g
Saturés	1 g
Polyinsaturés	2 g
Oméga-3	0,2 g
Monoinsaturés	4 g
Calcium	213 mg
Fer	6 mg
Vitamine C	68 mg
Acide folique	121 mcg

Sauce végétarienne

1.

60 ml	huile d'olive	¼ tasse
½	pied de céleri	½
4	oignons	4
1	poivron rouge	1
2	poivrons verts	2
2	gousses d'ail hachées finement	2

2.

2	boîtes de tomates en dés (796 ml/28 oz)	2
2	boîtes de pâte de tomate (156 ml/5,5 oz)	2
2	boîtes de sauce tomate (213 ml/7,5 oz)	2
au goût	sel et poivre	au goût
2 ml	origan	½ c. à thé
2 ml	sarriette	½ c. à thé
2 ml	assaisonnement à l'italienne	½ c. à thé
2 ml	marjolaine	½ c. à thé
2 ml	piment broyé	½ c. à thé
2 ml	thym	½ c. à thé
6	feuilles de laurier	6
6	gouttes de Tabasco	6
5 ml	sauce worcestershire	1 c. à thé
60 ml	vin blanc	¼ tasse
250 ml	sauce tamari légère	1 tasse
1 paquet	tofu régulier râpé (454 g/16 oz)	1 paquet
1 à 2	boîtes de jus de tomate (19 oz/540 ml)	1 à 2

3.

1	boîte de lentilles rincées et égouttées (540 ml/19 oz)	1

1   Passer les légumes au hachoir ou couper en cubes. Dans un grand chaudron, cuire les légumes de l'étape 1 dans l'huile environ 15 minutes.

2   Ajouter les ingrédients de l'étape 2. Verser d'abord 1 boîte de jus de tomate au mélange. Selon la texture désirée, ajouter du jus au besoin. Cuire à couvert à feu moyen-doux environ 1½ heure. Remuer à l'occasion pour éviter que la sauce colle au fond.

3   Ajouter ensuite les lentilles à la sauce et bien mélanger. Cuire encore 20 minutes.

Gâteau aux courgettes
« version gâteau ou muffins »

15 portions
Se congèle sans le glaçage !

LISTE DE MARCHÉ

- courgettes (750 ml/3 tasses), voir 🍎 11
- fromage à la crème allégé (250 g/½ lb), voir 🍎 17

Pour le glaçage
- graines de pavot* (30 ml/2 c. à soupe) (facultatif)
- 4 œufs
- jus de citron (15 ml/1 c. à soupe)

EN RÉSERVE

- huile de canola, voir 🍎 25
- sucre
- vanille
- farine de blé entier, voir 🍎 32
- bicarbonate de sodium (soda à pâte)
- cannelle moulue
- noix de Grenoble hachées, voir 🍎 27
- sucre en poudre

Note

* On peut trouver les graines de pavot aux rayons des épices dans les supermarchés. Elles sont délicieuses dans les mélanges à muffins et dans le pain.

VALEUR NUTRITIVE PAR PORTION (AVEC GLAÇAGE)	
Calories	255
Protéines	7 g
Glucides	24 g
Fibres alimentaires	3,5 g
Gras total	16 g
Saturés	3 g
Polyinsaturés	5 g
Oméga-3	1,2 g
Monoinsaturés	6,5 g
Calcium	60 mg
Fer	2 mg
Vitamine C	5 mg
Acide folique	33 mcg

Gâteau aux courgettes *

1.			
125 ml		huile de canola	½ tasse
60 ml		sucre	¼ tasse
4		œufs	4
5 ml		vanille	1 c. à thé

2.			
625 ml		farine de blé entier	2½ tasses
10 ml		bicarbonate de sodium	2 c. à thé
5 ml		cannelle	1 c. à thé
125 ml		noix de Grenoble hachées	½ tasse
750 ml		courgettes non pelées et bien nettoyées	3 tasses

Glaçage au fromage à la crème (pour se faire plaisir)

250 g	fromage à la crème allégé	½ lb
60 ml	sucre en poudre	¼ tasse
15 ml	jus de citron	1 c. à soupe
30 ml	graines de pavot (facultatif)	2 c. à soupe

Préchauffer le four à 180 °C (350 °F).

1   Battre les ingrédients de l'étape 1 au mélangeur ou au batteur électrique.

2   Passer les courgettes au hachoir ou les râper. Mélanger les ingrédients secs et les courgettes hachées ou râpées de l'étape 2. Faire un puits au centre et verser le mélange d'œufs. Brasser délicatement. Verser le mélange dans un plat en verre huilé et enfariné et cuire au four préchauffé 45 à 60 minutes, jusqu'à ce qu'un cure-dents inséré en ressorte propre. Laisser refroidir 10 minutes avant de démouler.

Préparation du glaçage au fromage à la crème

Ramollir le fromage 1 minute au micro-ondes dans un bol de verre. Ajouter le reste des ingrédients et mélanger au batteur électrique jusqu'à consistance lisse. Glacer le gâteau lorsqu'il est refroidi.

* Version Muffins

Verser le mélange dans des moules à muffins huilés ou recouverts de petites caissettes en papier. Cuire 10 à 15 minutes ou jusqu'à ce qu'un cure-dents inséré en ressorte propre.

Variante

Remplacer les courgettes par des carottes râpées.

Recette 3

Pain aux bananes

LISTE DE MARCHÉ

- 2 grosses bananes* bien mûres fraîches ou congelées, voir 🍎 4
- 2 œufs

EN RÉSERVE

- huile de canola, voir 🍎 25
- farine de blé entier, voir 🍎 32
- noix de Grenoble hachées, voir 🍎 27
- sucre
- bicarbonate de sodium (soda à pâte)
- son de blé ou son d'avoine, voir 🍎 16
- miel, voir 🍎 26
- sel

Note

* Les bananes mûres se congèlent sans la pelure. Vous évitez ainsi de les perdre et elles sont utiles pour les préparations de muffins ou de gâteaux.

Truc

Doublez la recette, vous aurez en plus de bons muffins pour les lunchs.

Pain aux bananes

1.			
375 ml	farine de blé entier	1½ tasse
125 ml	noix de Grenoble hachées	½ tasse
60 ml	sucre	¼ tasse
5 ml	sel	1 c. à thé
2 ml	bicarbonate de sodium	¼ c. à thé
60 ml	son de blé ou son d'avoine	¼ tasse

2.			
2	grosses bananes bien mûres (ou 3 petites)	2
80 ml	miel	⅓ tasse
80 ml	huile de canola	⅓ tasse
2	œufs	2

Préchauffer le four à 180 °C (350 °F).

1 Bien mélanger les ingrédients de l'étape 1.

2 Battre les ingrédients de l'étape 2 au batteur électrique ou au robot culinaire. Creuser un puits dans les ingrédients secs et ajouter le mélange à la banane en une fois. Mélanger délicatement puis verser dans un moule à pain huilé et enfariné. Cuire au four préchauffé 40 à 60 minutes, jusqu'à ce qu'un cure-dents inséré en ressorte propre. Laisser refroidir 10 minutes avant de démouler. Laisser refroidir le pain démoulé 2 heures sur une grille avant de l'emballer dans du papier d'aluminium. Il sera excellent le lendemain. Le papier d'aluminium conservera l'humidité du pain.

* Version muffins aux bananes

Verser le mélange dans des moules à muffins huilés ou recouverts de petites caissettes en papier. Cuire 10 à 15 minutes ou jusqu'à ce qu'un cure-dents inséré en ressorte propre. Donne 15 muffins.

VALEUR NUTRITIVE PAR PORTION

Calories	180
Protéines	4 g
Glucides	24 g
Fibres alimentaires	2,5 g
Gras total	9 g
Saturés	1 g
Polyinsaturés	3,5 g
Oméga-3	0,8 g
Monoinsaturés	3,5 g
Calcium	14 mg
Fer	1 mg
Vitamine C	2 mg
Acide folique	18 mcg

Recette 4 et 5

Riz sauvage ou de grains entiers cuit
Orge mondé cuit

**LISTE DE MARCHÉ
EN RÉSERVE**

- riz brun ou sauvage, voir ✆ 32
- orge mondé, voir ✆ 32, 16

Riz sauvage ou de grains entiers cuit
(congelé en format individuel
ou pour un repas pour 4)

Orge mondé cuit
(congelé en format individuel)

Riz sauvage ou de grains entiers cuit

Voir cuisson du riz, ✆ 32.

Le riz cuit décongelé s'ajoute à un sauté de légumes, à une salade, se mélange avec un pain de viande ou tout simplement avec une soupe vite faite. Vous intégrez ainsi rapidement un produit céréalier au repas. Servez-le en accompagnement, avec quelques assaisonnements ou encore mélangé avec du poivron et de l'oignon.

Orge mondé cuit

Voir cuisson de l'orge mondé, ✆ 32.

Truc pour augmenter votre apport en fibres

Faites cuire une grande quantité d'orge mondé et congelez-le dans de petits contenants individuels. Vous pourrez l'ajouter à la fin de la cuisson des soupes ou à un ragoût ou à un pâté. Il peut remplacer la pomme de terre pour lier les potages.

Potage à la courge musquée

8 portions

Se congèle

LISTE DE MARCHÉ

- 1 courge musquée (butternut) ou autre, voir ⏱ 10
- 1 boîte de poires non sucrées, voir ⏱ 18 (796 ml/28 oz)
- 1 gros oignon jaune
- 1 gousse d'ail, voir 🍎 2
- lait (environ 250 ml/1 tasse)

EN RÉSERVE

- huile d'olive, voir ⏱ 25
- bouillon de poulet, voir 🍎 7
- racine de gingembre frais ou congelé, voir ⏱ 19
- sel et poivre, voir 🍎 37

Potage à la courge musquée (butternut)

1.	1	courge* musquée (butternut) pelée et coupée en cubes ou autre courge	1
2.	1	gros oignon haché	1
	1	gousse d'ail hachée finement	1
	15 ml	huile d'olive	1 c. à soupe
3.	1	boîte de poires (796 ml/28 oz), non sucrées, égouttées	1
	1½ litre	bouillon de poulet	6 tasses
	5 ml	gingembre râpé frais ou congelé	1 c. à thé
		sel et poivre	
		lait	

1   Voir truc pour la courge.

2   Dans un grand chaudron, faire revenir l'oignon dans l'huile d'olive jusqu'à ce qu'il soit translucide. Ajouter l'ail et cuire 2 minutes.

3   Ajouter le reste des ingrédients. Remuer, couvrir et porter à ébullition. Réduire la chaleur et laisser mijoter à couvert en remuant à quelques reprises, environ 20 minutes ou jusqu'à ce que la courge soit très tendre. Vous pouvez réduire le temps de cuisson si la courge est déjà cuite, environ 10 minutes. Réduire en purée au robot culinaire ou au moulin à légumes, puis remettre sur feu moyen-élevé pour réchauffer. Vérifier l'assaisonnement. Verser dans des bols et ajouter un peu de lait.

VALEUR NUTRITIVE PAR PORTION

Calories	155
Protéines	9 g
Glucides	28 g
Fibres alimentaires	4 g
Gras total	2 g
Saturés	1 g
Polyinsaturés	0 g
Oméga-3	0,1 g
Monoinsaturés	0,5 g
Calcium	235 mg
Fer	1 mg
Vitamine C	15 mg
Acide folique	45 mcg

Truc

* Truc pour peler la courge

Au four : Coupez la courge en deux et retirez les graines. Déposez les surfaces coupées sur une plaque à cuisson. Cuire au four à 180 °C (350 °F) environ 30 minutes ou jusqu'à tendreté. Retirez la chair à la cuillère puis ajoutez au potage.

Au micro-ondes : Coupez la courge en deux et retirez les graines. Déposez les surfaces coupées dans un plat en verre peu profond et cuire à haute intensité 10 à 15 minutes ou jusqu'à tendreté. Retirez la chair à la cuillère, puis ajoutez au potage.

Pâte à tarte au blé entier
sans gras « trans », voir ☺ 25

2 abaisses de 23 cm/9 po

Se congèle

LISTE DE MARCHÉ

• Rien à acheter

EN RÉSERVE

• farine de blé entier à pâtisserie
• sucre
• beurre
• huile de canola, voir ☺ 25
• papier ciré
• sel

Note

Conservez ces fonds de tarte dans un sac à congélation. Ils pourront vous servir pour des pâtés au saumon, des quiches ou encore pour une tarte aux pommes délicieuse ! Voir recette 8 dans cette section.

Truc congélation

Lorsque vous utiliserez l'abaisse congelée, utilisez-la tel quel en déposant la garniture directement dans la pâte congelée. Mettre immédiatement au four préchauffé à 180°C (350°F). Ainsi, en ne décongelant pas la pâte, vous évitez qu'elle soit détrempée.

Pâte à tarte de blé entier et sans gras « trans »

625 ml	farine de blé entier à pâtisserie	2½ tasses
5 ml	sucre	1 c. à thé
5 ml	sel	1 c. à thé
30 ml	beurre	2 c. à soupe
125 ml	huile de canola	½ tasse
90 ml	eau glacée	6 c. à soupe

papier ciré pour rouler la pâte

1 Mélanger la farine, le sucre et le sel dans un bol.

2 Faire fondre le beurre environ 30 secondes au micro-ondes dans un petit bol. Laisser refroidir, puis incorporer à l'huile.

3 Incorporer l'huile et le beurre à la farine, à la fourchette, jusqu'à ce que la préparation soit granuleuse.

4 Ajouter l'eau glacée graduellement afin de former une boule. Ajouter 1 c. à soupe à la fois d'eau glacée supplémentaire si la boule ne se façonne pas bien. Diviser la pâte en deux.

5 Aplatir chacune d'entre elles et les déposer entre deux feuilles de papier ciré.

6 Rouler la pâte jusqu'à l'obtention de la forme désirée. Retirer le papier du dessus et renverser la pâte dans l'assiette à tarte. Bien mouler. Répéter pour la deuxième abaisse.

7 Réfrigérer avant la cuisson, si désiré. Congeler la deuxième abaisse dans l'assiette. Puis dans un sac à congélation. Elle sera prête pour une prochaine préparation. Ne pas décongeler la pâte avant l'utilisation (voir truc congélation, p. 114).

Note

Utilisez de la farine de blé entier à pâtisserie, et non de la farine de blé entier ordinaire. On la trouve dans les sections bio des supermarchés ou dans les boutiques d'aliments naturels.

Tarte aux pommes délicieuse

4 à 8 portions
Se congèle cuite !

LISTE DE MARCHÉ

- 8 pommes fraîches
- 1 citron frais ou jus de citron (30 ml/2 c. à soupe)
- 2 œufs moyens ou 3 petits

EN RÉSERVE

Pâte à tarte

- beurre
- huile de canola, voir 🍎 25
- farine de blé entier à pâtisserie
- sucre
- papier ciré

Garniture

- sirop d'érable, voir 🍎 38
- vanille

Tarte aux pommes délicieuse

1.			
8	pommes	8
60 ml	eau	¼ tasse

2.			
125 ml	sirop d'érable	½ tasse
30 ml	jus de citron	2 c. à soupe
5 ml	vanille	1 c. à thé
2 moyens ou 3 petits	œufs battus	2 moyens ou 3 petits

3.			
1	abaisse non cuite	1

Préchauffer le four à 180 °C (350 °F).

1 Peler et couper les pommes grossièrement en tranches pas trop épaisses et verser avec l'eau dans un plat allant au micro-ondes. Cuire 5 minutes. Réserver.

2 Mélanger les ingrédients de l'étape 2 et ajouter aux pommes. Réserver.

3 Disposer l'abaisse dans un moule d'environ 23 cm/9 po de diamètre huilé légèrement. Verser le mélange de pommes et de sirop d'érable dans l'abaisse. Cuire au four préchauffé 30 à 40 minutes, ou jusqu'à ce que la garniture soit assez ferme.

Truc congélation

La tarte doit être cuite avant de la congeler. Au service, vous devez la passer directement au four à 250°F (120°C) sans la décongeler. Vous éviterez ainsi que la pâte se détrempe. Cuire 15 à 20 minutes, ou jusqu'à ce qu'elle soit assez réchauffée.

VALEUR NUTRITIVE PAR PORTION	
Calories	285
Protéines	5 g
Glucides	46 g
Fibres alimentaires	4 g
Gras total	10 g
Saturés	2 g
Polyinsaturés	2,5 g
Oméga-3	0,7 g
Monoinsaturés	5 g
Calcium	34 mg
Fer	1 mg
Vitamine C	7 mg
Acide folique	17 mcg

Pizza maison végétarienne

LISTE DE MARCHÉ

(Voir variante page suivante pour modifier la liste de marché.)

- mozzarella faible en gras (250 ml/1 tasse), voir 🍎 17
- 1 paquet de tofu ferme (454 g/16 oz), voir ⏱ 42
- 2 à 3 poivrons rouges, verts ou jaunes, voir ⏱ 14
- 1 oignon moyen
- champignons (4 à 5)
- piment jalapeño ou olives ou tomates séchées, voir ⏱ 43 (facultatif)

EN RÉSERVE

- pâte à pizza aux grains entiers ou pita de blé, pour 4 personnes, voir 🍎 16
- sauce végétarienne (250 ml/1 tasse) (recette 1, voir section 4)

Pizza maison végétarienne

1	pâte à pizza de grains entiers ou 4 pitas de blé	1
250 ml	sauce végétarienne	1 tasse
1	paquet de tofu ferme, râpé (454 g/16 oz)	1
2 à 3	poivrons rouges ou verts hachés	2 à 3
½	oignon haché	½
4 à 5	champignons tranchés	4 à 5
	piment jalapeño ou olives ou tomates séchées hachées au goût (facultatif)	
250 ml	mozzarella faible en gras râpée	1 tasse
	poivre	

Préchauffer le four à 180 °C (350 °F).

1 Badigeonner la pâte à pizza ou les pitas de sauce végétarienne (voir p. 105).

2 Recouvrir de tofu râpé, de légumes puis de jalapeño, des olives ou des tomates séchées hachées.

3 Recouvrir de mozzarella râpée et cuire au four préchauffé.

Varier les types de pizzas

Remplacer la sauce par :
- du pesto
- du pesto aux tomates séchées
- de la sauce tomate
- de la salsa du commerce

Remplacer le tofu par :
- des crevettes ou des fruits de mer cuits (350 g/¾ lb)
- de la viande hachée extramaigre cuite (350 g/¾ lb)
- des lanières de poulet cuit (350 g/¾ lb)
- 1 boîte de thon égoutté (170 g/6 oz) et du saumon fumé

Remplacer les légumes par :
- des tomates hachées, de l'ail pressé et de l'huile d'olive
- des artichauts marinés en quartiers et égouttés puis hachés
- des fleurs de brocoli blanchies et du basilic frais
- des pointes d'asperges cuites et du bocconcini faible en gras tranché
- des courgettes en cubes, de l'oignon vert et du poivre

Truc congélation

Vous pouvez préparer votre pizza avec toute la garniture et déposer sur une plaque à pizza puis congeler tel quel dans un sac de congélation. Au moment de l'utiliser, vous retirez le sac à congélation et transférez la pizza congelée directement au four préchauffé à 350°F (180°C). Cuire 15 à 20 minutes. Ne décongelez surtout pas la pâte, car elle serait détrempée.

Recette 10

Sauce aux pommes maison

LISTE DE MARCHÉ

• pommes fraîches (les Cortland sont excellentes)

EN RÉSERVE

• cannelle (facultatif)

Congeler en format de 4 portions

1 Peler le nombre de pommes désirées, enlever le cœur et couper en quartiers.

2 Couvrir d'eau le fond d'un grand chaudron et ajouter les pommes. Cuire jusqu'à ce que les pommes s'écrasent assez facilement. Passer au mélangeur ou au mélangeur à main selon la texture désirée.

Congeler en barquettes pour des desserts vite faits ou pour une croustade aux pommes.

Ajouter un peu de cannelle au goût, au service.

Section 5

Déjeuners santé

15 idées santé

Déjeuner

Déjeuners santé

Idée 1

fruits ou jus de fruits sans sucre

gruau nature cuit dans du lait
ou boisson de soja à la vanille*

1 à 2 rôties de grains entiers et fromage léger

café ou thé

*Voir indication du fabriquant pour la cuisson
du gruau

Idée 2

125 ml/½ tasse de yogourt nature et 1 fruit
coupé et 15 ml/1 c. à soupe de graines de lin
moulues arrosées d'un filet de sirop d'érable

1 à 2 rôties de pain de seigle et beurre d'amande

café ou lait

Idée 3

fruit

crème de blé*

1 à 2 rôties de blé, beurre d'arachide
et compote de pommes sans sucre

1 verre de lait

*Voir indication du fabriquant pour la cuisson
de la crème de blé

Idée 4

½ pamplemousse rose

céréales riches en fibres avec environ 250 ml/
1 tasse de lait écrémé, 1 ou 2 % m.g.

1 à 2 rôties de blé et confiture

Idée 5

yogourt nature avec 15 ml/1 c. à soupe de
graines de lin moulues et 1 fruit en dés

1 muffin maison au son

Idée 6

125 ml/½ tasse de fromage cottage
1 ou 2 % m.g.

1 à 2 rôties de seigle

fruit

café ou thé

Idée 7

1 à 2 œufs avec jambon ou fromage cottage, accompagnés d'un fruit

1 à 2 rôties de blé entier

Idée 8

1 à 2 rôties avec beurre d'arachide et mélasse et banane en rondelles

1 verre de lait

Idée 9

yogourt nature avec céréales maison et pomme en dés, petit filet de sirop et 15 ml/1 c. à soupe de graines de lin moulues

café au lait

Idée 10

fruit ou jus de fruits

1 à 2 tranches de pain doré

(tremper le pain dans un mélange
de 1 œuf, un peu de lait et
1 c. soupe (15 ml) de sucre)

fromage cottage 1 ou 2 % m.g.
ou 1 verre de lait

Idée 11

fruit

galettes de sarrasin* et mélasse verte

verre de lait

*pour la recette de galettes de sarrasin, voyez
les indications du fabriquant sur l'emballage
de farine de sarrasin. La recette s'y trouve.

Idée 12

fruit

son d'avoine cuit dans du lait
ou boisson de soja à la vanille*

1 à 2 rôties de pain de seigle
et fromage léger

thé vert

*pour la recette, voir les indications du
fabriquant sur la boîte de son d'avoine

Déjeuners santé

Idée 13

café ou thé

2 gaufres de grains entiers
garnies
de fruits coupés et de yogourt (environ
1 tasse) avec un filet de sirop d'érable.

Idée 14

café

banana split santé (½ banane coupée
en deux sur la longueur avec yogourt,
environ 250 ml/1 tasse et céréales riches
en fibres avec filet de mélasse verte et
graines de lin moulues)

Idée 15

1 rôtie de grains entiers, beurre d'arachide
ou d'amande nature

lait frappé aux bananes (passez au mélangeur :
1 tasse de lait écrémé, 1 ou 2 % m.g.,
½ banane) 15 à 30 ml/1 à 2 c. à soupe de
yogourt au choix et filet de sirop d'érable

Section 6

4 listes d'épicerie pour
4 semaines de menus

4 menus

Menu Semaine 1

MENU 1
- Pizza au thon
- Verdure au balsamique
- Coupe de fruits

MENU 9
- Poulet mariné au miel
- Salade de quinoa
  ou de couscous
- Mangue et cantaloup

MENU 16
- Pâtes rotini et tofu
- Prune

MENU 3
- Pain au saumon
- Brocoli vapeur
- Fruit

MENU 11
- Bœuf au chou
- Pommes de terre en purée
- Haricots verts
- Banane et yogourt

LISTE DE MARCHÉ
Repas principal et accompagnement
- bœuf haché extramaigre
  (500 g/1¼ lb)
- poitrines de poulet désossées
  (500 g/1¼ lb)
- 5 poivrons rouges ou jaunes ou verts
- 1 laitue boston, voir ♡ 36
- 3 champignons
- 7 oignons moyens
- haricots verts
  (750 ml à 1 litre/3 à 4 tasses)
- 1 petit chou pommé blanc ou ½ gros
- 4 pommes de terre à chair jaune,
  moyennes
- 2 branches de céleri
- 1 concombre moyen
- fleurs de brocoli (1 litre/4 tasses)
- brocoli en accompagnement (environ
  1 L/4 tasses par personne)
- 3 grosses tomates fraîches
- 1 oignon vert, voir ♡ 28
- 7 gousses d'ail, voir ♡ 2
- 2 citrons ou jus de citron
  (60 ml /¼ tasse)
- 8 feuilles de laitue au choix
- menthe fraîche ou persil frais
  (15 ml/1 c. à soupe) ou persil
  séché (5 ml/1 c. à thé), voir ♡ 13
- 4 muffins anglais de blé entier
  ou 4 tranches de pain au choix
- mozzarella faible en gras (moins
  de 20 % m.g.) (375 ml/1½ tasse),
  voir ♡ 17
- ricotta 7 % m.g.
  250 ml/1 tasse /250 g)
- parmesan râpé (90 ml/$\frac{1}{3}$ tasse)

- crème sure 14 % m.g.
  (125 ml/½ tasse)
- 2 œufs
- 1 brique de tofu régulier
  (454 g/1 lb environ), voir ♡ 42
- pain de grains entiers (4 tranches)
- pâtes rotini de grains entiers
  (500 ml/2 tasses)

LISTE DE MARCHÉ
Dessert
- bleuets et framboises (500 ml/
  2 tasses)
  voir ♡ 18 et voir ♡ 2
- mangue et cantaloup, voir ♡ 18
- 2 petites bananes, voir ♡ 4
- 4 fruits au choix, voir ♡ 18, section
  découverte
- 6 prunes fraîches ou autres fruits
  au choix, voir ♡ 2
- yogourt nature, voir ♡ 46

EN RÉSERVE
Repas principal et accompagnement
- 2 boîtes de thon dans l'eau
  (170 g/6 oz), voir ♡ 31
- 2 boîtes de saumon (213 g/7,5 oz),
  voir ♡ 31
- 2 boîtes de jus de tomate
  (540 ml/19 oz)
- 2 boîtes de tomates en dés
  (796 ml/28 oz)
- bouillon de poulet, voir ♡ 7
- quinoa en grains ou couscous entier
  ou de blé (250 ml/1 tasse), voir ♡ 32
- basilic, thym, origan, piments broyés,
  voir ♡ 13
- assaisonnement à l'italienne,
  ciboulette, voir ♡ 13

- curcuma, voir ♡ 2
- huile d'olive et huile de canola,
  voir ♡ 25
- vinaigre balsamique
- sauce tabasco
- sauce worcestershire
- sauce soja ou tamari légère
- miel liquide, voir ♡ 26
- mayonnaise légère
- olives ou cornichons à l'aneth
  (facultatif)
- fèves soja rôties ou noix au choix,
  voir ♡ 15
- farine blanche
- tisane parfumée de votre choix

EN RÉSERVE
Dessert
- sirop d'érable, voir ♡ 3

MENU 12
- Hachis de porc et tofu
- Riz vapeur
- Fruit

MENU 8
- Poulet crémeux au curcuma
- Mesclun, couscous et noix de Grenoble
- Fruit

MENU 17
- Petite salade verte
- Linguine aux fruits de mer
- Pomme, canneberges et yogourt vanille

MENU 19
- Soupe aux haricots rouges
- Sandwich aux 2 tomates
- Coupe de fraises et kiwis

MENU 6
- Salade aux œufs et au thon à l'ail
- Pain de grains entiers
- Croustade aux pommes
- Thé vert

LISTE DE MARCHÉ
Repas principal et accompagnement

- porc ou veau haché maigre ou extramaigre (400 g/³⁄₄ à 1 lb)
- poitrines de poulet désossées (500 g/1¼ lb)
- fruits de mer (500 g/1¼ lb) ou saumon ou palourdes fraîches ou en conserve
- tofu ferme (454 g/16 oz environ), voir ⏱ 42
- 7 oignons verts, voir ⏱ 28
- 7 poivrons verts ou rouges
- 8 tomates fraîches, voir ⏱ 2
- 1 avocat mûr
- 1 carotte
- 2 oignons moyens
- 1 petit oignon rouge
- 4 gousses d'ail
- laitue romaine (1,5 litre/6 tasses), voir ⏱ 36
- épinards frais (environ 500 ml/2 tasses)
- laitue au choix (4 feuilles), voir ⏱ 36
- mesclun ou autre laitue au choix (1 litre/4 tasses), voir ⏱ 36
- 1 citron frais ou jus de citron (30 ml/2 c. à soupe)
- ciboulette fraîche ou séchée (15 ml/1 c. à soupe), voir ⏱ 13
- 1 pomme
- maïs en grains surgelés (250 ml/1 tasse)
- tomates séchées marinées ou déshydratées en sachet (60 ml/¼ tasse), voir ⏱ 43
- 1 bouteille de vin rouge (facultatif), voir ⏱ 1

- crème 10 % m.g. (125 ml/½ tasse)
- yogourt nature (80 ml/¹⁄₃ tasse), voir ⏱ 46
- 6 œufs
- 4 tranches de fromage suisse allégé (moins de 20 % m.g.), voir ⏱ 17
- linguine de grains entiers (1 paquet de 375 g/13 oz), voir ⏱ 32
- pâtes rotini de grains entiers (250 ml/1 tasse), voir ⏱ 32
- pain de grains entiers au choix (8 tranches)
- 4 petits pains de grains entiers

LISTE DE MARCHÉ
Dessert

- 10 fruits, voir ⏱ 18
- yogourt à la vanille (250 ml/1 tasse), voir ⏱ 46
- 12 pommes, voir ⏱ 2
- 2 poires fraîches ou en conserve
- compote de pommes non sucrée (80 ml/¹⁄₃ tasse)
- canneberges 60 ml (¼ tasse), voir ⏱ 2
- fraises et 4 kiwis, voir ⏱ 14 et 2

EN RÉSERVE
Repas principal et accompagnement

- huile d'olive, voir ⏱ 25
- huile de canola, voir ⏱ 25
- vin blanc pour cuisiner
- bouillon de poulet, voir ⏱ 7
- mayonnaise légère
- moutarde de Dijon ou à l'ancienne
- sauce tamari ou soja légère
- vinaigre de vin, voir ⏱ 44
- sauce tabasco
- câpres

- sauce de poisson
- 1 boîte de tomates en dés (540 ml/19 oz)
- 1 boîte de sauce tomate (213 ml/7,5 oz)
- 2 boîtes de thon dans l'eau (170 g/6 oz), voir ⏱ 31
- 1 boîte de haricots rouges (540 ml/19 oz), voir ⏱ 24
- miel, voir ⏱ 26
- curcuma, voir ⏱ 2
- cari, thym, marjolaine, basilic
- assaisonnement à l'italienne
- riz au choix, voir ⏱ 32
- couscous de grains entiers secs, voir ⏱ 32
- farine blanche tout usage
- noix de Grenoble hachées (facultatif) voir ⏱ 27
- thé vert, voir ⏱ 2

EN RÉSERVE
Dessert

- cassonade
- cannelle
- amandes ou noix hachées, voir ⏱ 27
- flocons d'avoine ou de sarrasin ou de quinoa, voir ⏱ 32
- farine de grains entiers au choix, voir ⏱ 32

MENU 13
- Soupe repas aux boulettes
- Petit pain de grains entiers
- Yogourt et fruits des champs

MENU 2
- Truite à la Dijonnaise
- Pommes de terre rissolées
- Chou-fleur et brocoli
- Yogourt

MENU 15
- Salade au parmesan
- Spaghetti version végéta-rienne
- Yogourt et bleuets

MENU 7
- Fish chowder de Maman
- Biscottes de grains entiers
- Mousse de tofu au cacao

MENU 21
- Croque-tofu aux saveurs de la Méditerranée
- Salade minute au basilic et feta
- Coupe de fruits

LISTE DE MARCHÉ
Repas principal et accompagnement

- bœuf haché extramaigre (340 g/¾ lb)
- 1 brique de tofu régulier (454 g/16 oz environ), voir ⏱ 42
- 4 filets de truite (720 g/1½ lb), voir ⏱ 31
- saumon frais en filets ou darnes (225 g/½ lb), voir ⏱ 31
- 3 oignons (petits) ou 1 moyen, voir ⏱ 2
- 1 oignon rouge
- 4 gousses d'ail, voir ⏱ 2
- 1 courgette, voir ⏱ 11
- 1 grosse carotte
- champignons (125 ml/½ tasse)
- 6 branches de céleri
- 2 tomates fraîches, voir ⏱ 14 et ⏱ 2
- 6 tomates séchées marinées ou tomates déshydratées ou pesto aux tomates séchées, voir ⏱ 43
- 2 poivrons rouges ou verts, voir ⏱ 14 et ⏱ 2
- 5 petites pommes de terre
- chou-fleur et brocoli (1 L/4 tasses), voir ⏱ 2
- 2 citrons frais ou jus de citron (60 ml/¼ tasse)
- laitue romaine (1½ L/6 tasses), voir ⏱ 36
- laitue au choix (1 L /4 tasses), voir ⏱ 36
- jus de légumes (1 L /4 tasses)
- cresson frais (125 ml/½ tasse) (facultatif), voir ⏱ 36

- basilic frais (45 ml/3 c. à soupe) ou séché (5 ml/1 c. à thé), voir ⏱ 13
- maïs en grains surgelés (250 ml/1 tasse)
- 6 petits pains de grains entiers
- pain de grains entiers au choix (6 à 8 tranches)
- spaghetti de grains entiers (375 g/13 oz), voir ⏱ 32
- croûtons à salade nature (facultatif)
- feta allégée (30 ml/2 c. à soupe), voir ⏱ 17
- fromage de chèvre allégé (125 g/¼ lb), voir ⏱ 17 ou autre fromage au choix
- lait écrémé ou partiellement écrémé 2 % et moins de m.g. (500 ml/2 tasses)
- parmesan frais râpé (30 ml/2 c. à soupe), voir ⏱ 17

LISTE DE MARCHÉ
Dessert

- yogourt et fruits des champs pour 6 personnes, voir ⏱ 46
- yogourt au choix pour 4 personnes
- yogourt nature ou à la vanille pour 4 personnes
- bleuets, voir ⏱ 2
- 1 bloc de tofu soyeux ferme (350 g/12 oz), voir ⏱ 42
- 2 bananes bien mûres, voir ⏱ 4
- 1 citron frais ou jus de citron (15 ml/1 c. à soupe)
- 2 oranges, voir ⏱ 14 et ⏱ 2
- dattes séchées (4 à 6)

EN RÉSERVE
Repas principal et accompagnement

- huile d'olive, voir ⏱ 25
- huile de noix (facultatif), voir ⏱ 25
- bouillon de bœuf, voir ⏱ 7
- bouillon de légumes, voir ⏱ 7
- bouillon de poulet, voir ⏱ 7
- 1 boîte de tomates en dés (796 ml/28 oz)
- sauce tabasco
- moutarde à l'ancienne ou de dijon
- vinaigre balsamique
- 1 boîte de haricots rouges (540 ml/19 oz), voir ⏱ 24
- couscous de grains entiers, voir ⏱ 32
- cumin, thym, paprika, basilic
- curcuma, voir ⏱ 2
- feuille de laurier
- biscottes de grains entiers
- farine blanche tout usage
- sauce végétarienne, voir liste de marché (recette 1, section 4) si aucune en réserve
- papier parchemin (facultatif)

EN RÉSERVE
Dessert

- poudre de cacao non sucré, voir ⏱ 2
- sirop d'érable, voir ⏱ 38

Menu Semaine 4

MENU 10
- Salade de poulet à la coriandre et à l'arachide
- Yogourt et framboises
- Thé vert

MENU 18
- Salade multicolore
- Pizza pita fromage de chèvre et tofu
- Mousse aux bananes

MENU 4
- Tilapia aux tomates confites
- Purée de pommes de terre et patates douces
- Tisane à l'abricot
- Raisins frais et chocolat noir

MENU 20
- Ragoût de lentilles à l'indienne
- Riz basmati vapeur
- Yogourt

MENU 5
- Tartare de saumon
- Tomates en quartiers poivrées
- Petit pain de grains entiers
- Bol de fruits

LISTE DE MARCHÉ
Repas principal et accompagnement

- poitrines de poulet désossées (500 g/1¼ lb), voir ⏱ 9
- filets de tilapia (700 g/1½ lb), voir ⏱ 31
- 2 darnes de saumon frais (250 g /½ lb), voir ⏱ 31
- tofu régulier (225 g), voir ⏱ 42
- chou chinois (500 ml/2 tasses)
- champignons (375 ml/1½ tasse)
- 1 oignon vert, voir ⏱ 28
- laitue romaine (750 ml/3 tasses), voir ⏱ 36
- laitue boston ou mesclun (au moins 500 ml/2 tasses)
- échalotes grises ou françaises (15 ml/1 c. à soupe)
- 6 poivrons verts ou rouges, voir ⏱ 2
- 3 grosses tomates, voir ⏱ 2
- 3 tomates moyennes
- 8 tomates italiennes ou 15 tomates cerises environ
- 7 gousses d'ail, voir ⏱ 2
- 1 patate douce, voir ⏱ 2
- 4 pommes de terre à chair jaune, moyennes
- 1 petit navet ou rutabaga (250 ml/ 1 tasse)
- 6 branches de céleri
- coriandre fraîche (facultatif) (60 ml /¼ tasse), voir ⏱ 13
- ciboulettes fraîches ou séchées (5 ml/1 c. à thé), voir ⏱ 13

- basilic frais (60 ml/¼ tasse) ou séché (5 ml/1 c. à thé)
- romarin, persil et thym frais (10 ml/ 2 c. à thé de chacun) ou séchés (2 ml/ ½ c. à thé de chacun), voir ⏱ 13
- 2 citrons frais ou jus de citron (80 ml/⅓ tasse)
- racine de gingembre frais (30 ml/2 c. à soupe), voir ⏱ 19
- arachides (30 ml/2 c. à soupe), voir ⏱ 3
- vermicelle de riz (300 g/10½ oz), voir ⏱ 32
- olives noires dénoyautées (125 ml/½ tasse)
- 4 pains pita de blé (environ 18 cm/7 po de diamètre)
- 2 petits pains de grains entiers
- fromage de chèvre allégé (200 g/½ lb), voir ⏱ 17
- lait et beurre

LISTE DE MARCHÉ
Dessert

- yogourt pour 4 personnes, voir ⏱ 46
- yogourt pour 4 personnes pour un autre repas
- framboises fraîches ou surgelées (environ 250 ml/1 tasse) voir ⏱ 2
- 1 paquet de tofu ferme soyeux (350 g/12 oz), voir ⏱ 42
- 1 citron frais ou jus de citron (30 ml/2 c. à soupe)
- 2 grosses bananes bien mûres fraîches ou congelées, voir ⏱ 4
- raisins frais

- 1 tablette de chocolat noir à 70 % ou plus, voir ⏱ 2
- fraises et oranges pour 4 personnes, voir ⏱ 18

EN RÉSERVE
Repas principal et accompagnement

- huile d'olive, voir ⏱ 25
- bouillon de légumes, voir ⏱ 7
- moutarde à l'ancienne
- câpres
- cornichons à l'aneth en pot
- sauce tabasco
- relish sucrée
- mayonnaise
- sauce tamari ou soja légère
- vinaigre de riz
- vinaigre de vin, voir ⏱ 44
- riz basmati, voir ⏱ 32
- 1 boîte de tomates en dés (796 ml/28 oz)
- 2 boîtes de lentilles brunes (540 ml/19 oz), voir ⏱ 24
- ciboulette, curcuma, cumin moulu, cari
- cannelle, feuille de laurier
- miel, voir ⏱ 26
- graines de sésame
- thé vert, voir ⏱ 2
- tisane à l'abricot ou autre saveur au choix
- beurre d'arachide naturel, voir ⏱ 5

EN RÉSERVE
Dessert

- sirop d'érable, voir ⏱ 38

Section 7

Améliorez vos connaissances

Tableaux de conversion

Bibliographie

Index

connaissances

Améliorez

vos connaissances ☺ nᵒˢ 1 à 47

Cette section tente de vous apporter des connaissances en lien avec les aliments utilisés dans les 21 menus et de vous informer du rôle de certains aliments sur la santé, tout en vous fournissant différentes connaissances pertinentes dans l'achat et la préparation des menus.

Les aliments ou groupes d'aliments listés dans cette section ont été cités tout au long du livre, suivis d'une ☺ et d'un numéro de référence, par exemple 1 à 47.

Ils apparaissent ici par ordre alphabétique.

☺ 1   Alcool

Depuis quelques années, plusieurs études ont démontré qu'une consommation élevée d'alcool, soit plus de 3 à 4 consommations par jour, augmentait le risque de cancer des organes aéro-digestifs supérieurs. D'autres études auraient démontré qu'un seul verre par jour entraînerait une légère augmentation, mais tout de même significative, du risque de cancer du sein. Selon le Dr Walter Willet, MD, Ph. D., du département de nutrition du Harvard School Public Health, l'alcool aurait des effets bénéfiques dans le cas des maladies cardiovasculaires mais aucun pour le cancer[1]. Les bénéfices pour les maladies cardiovasculaires sont observés seulement si l'on consomme moins de 1 à 2 verres d'alcool par jour, jusqu'à un maximum de 14 verres par semaine pour les hommes et de 9, pour les femmes.

Un verre équivaut à :

5 oz de vin à environ 12 % d'alcool (150 ml) • 1 bouteille de bière à 5 % d'alcool (341 ml) • 1½ oz de spiritueux à 40 % (43 ml).

☺ 2   Aliments anticancer - « Antioxydants »

Mythe ou réalité ?

Votre garde-manger contient-il une variété d'aliments susceptibles d'augmenter ou de diminuer les risques associés à certains cancers ? Oui. Mais on ne s'entend pas sur lesquels. Selon la Société canadienne du cancer, le tiers des cancers s'expliquerait par nos habitudes de vie, soit notre alimentation, les différents types de boissons consommées, l'activité physique et notre poids[2].

Recommandations qui pourraient diminuer les risques du cancer[3] :

- maintenir un poids santé;
- faire de l'activité physique régulièrement;
- consommer plus de 5 portions de fruits et légumes quotidiennement;
- limiter la consommation d'alcool;
- limiter la consommation de matières grasses et privilégier les bons gras;
- consommer des produits céréaliers de grains entiers et intégrer les protéines végétales à vos menus;
- limiter la consommation de viandes rouges (bœuf, canard, agneau, porc, cheval) et de viandes transformées;
- éviter les aliments traités, fumés et très salés;
- éviter la cuisson à haute température;
- choisir un bon mode d'entreposage des aliments (voir Thermoguide, section 2);
- et éviter le tabagisme.

---

[1] AACR 2009 : Diet, nutrition, and cancer - don't trust any single study www.medscape.com/viewarticle/701722.

[2] Encyclopédie canadienne du cancer (EEC) Société canadienne du cancer, information générale sur le cancer, consulté 04/09.

[3] Encyclopédie canadienne du cancer (EEC) Société canadienne du cancer, information générale sur le cancer,/Manuel de nutrition clinique OPDQ (Ordre professionnel des diététistes du Québec).

« Le Dr Willet, MD, Ph. D. du département de nutrition du Harvard School of Public Health a passé en revue les différentes associations qui ont été suggérées par les études épidémiologiques en ce qui a trait à la nutrition et le cancer. Cela inclut l'augmentation des risques associés à la consommation de viandes rouges, la cuisson à haute température, une diète riche en matières grasses, l'alcool et la diminution des risques associés à la consommation des fruits et légumes. Selon lui, les évidences pour ces associations seraient moins importantes que le lien qui existe entre l'obésité et l'augmentation du risque de cancer. Dire que 30 à 35 % des cancers pourraient être liés à l'alimentation est une estimation raisonnable, selon lui. Mais l'obésité et l'inactivité seraient les grands responsables... Selon lui, les seuls aliments qui suggéreraient quelques évidences pour leurs effets anticancer seraient les produits du soja. Leurs propriétés anti-œstrogéniques pourraient protéger les hommes contre le cancer de la prostate et les femmes, contre le cancer du sein, plus spécifiquement pour celles qui en ont consommé durant l'enfance, soit avant l'apparition des menstruations. Toutefois, cette théorie n'est pas encore officielle et demeure dans le domaine du possible[1]. »

[1] AACR 2009 : Diet, nutrition..., op.cit.

Sources d'antioxydants courants

Tableau 1
PRINCIPALES SOURCES ALIMENTAIRES D'ANTIOXYDANTS

Vitamine C	Vitamine E	Sélénium	Caraténoïdes (bêta-carotène, lutéine, lycopène)
Agrumes et jus d'agrumes	Huiles végétales	Noix du Brésil	Carotte
Jus de pomme	Germe de blé	Produits céréaliers	Cantaloup
Kiwi	Noix	Germe de blé	Patate douce
Fraises	Beurre d'arachide	Son de blé	Citrouille
Brocoli	Graines de tournesol	Son d'avoine	Brocoli
Poivrons rouge, vert, jaune	Papaye	Poisson, mollusques, crustacés	Pamplemousse rose
Tomate	Avocat	Viande, volaille	Tomate, produits de la tomate
Pomme de terre	Patate douce	Œufs	Légumes feuillus vert foncé
		Fèves	

Source : www.msss.gouv.qc.ca/sujets/santepub/nutrition/index.php?aid=18

D'autres aliments sont également nommés pour leurs propriétés anticancérigènes, par exemple le thé vert, le curcuma, le cacao, etc. En fait, les recherches ont pu démontrer seulement en éprouvette l'effet des antioxydants sur les molécules cancérigènes. Ont-ils le même effet dans l'organisme ? C'est ce que tentent de démontrer plusieurs recherches en cours. En attendant, il n'y a pas de mal à les intégrer aux menus, bien au contraire. Ils constituent des aliments sains et ont tout intérêt à faire partie de vos menus quotidiens.

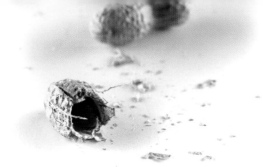

Soja et cancer du sein

Le soja n'offrirait qu'une légère protection contre le cancer du sein. Toutefois, une consommation modérée d'isoflavone sous forme de soja (tofu, Edamame, boisson de soja, fève de soja rôties) n'est pas contre-indiquée chez les femmes atteintes.[1]

3   Arachides

Achat : Préférez les arachides en écales, sinon optez pour les arachides nature. Ainsi, la liste des ingrédients devrait uniquement contenir des arachides et ne pas indiquer d'huile, de sel et autres ingrédients. Vérifiez toujours la date de péremption sur l'emballage.

Conservation : Les arachides peuvent contenir de petits champignons microscopiques susceptibles de se développer lorsque les conditions de conservation ne sont pas optimales.

• Jetez les arachides desséchées, décolorées, moisies ou avariées.

• Conservez les arachides et le beurre d'arachide au frais et au sec. Congelez les grosses quantités d'arachides. Évitez une longue exposition à l'air.

Valeur nutritive : Les arachides nature ou le beurre d'arachide naturel contiennent principalement des acides gras monoinsaturés reconnus pour réduire les risques associés aux maladies cardiovasculaires. En plus de contenir énergie et protéines, les arachides renferment de l'acide folique, de la niacine, du magnésium et du zinc.

4   Bananes

Truc pratique : Les bananes bien mûres peuvent être congelées sans pelure dans un sac ou contenant à congélation pour une utilisation ultérieure.

5   Beurre d'arachide nature

Achat et conservation : Préférez-le nature. La liste des ingrédients devrait indiquer uniquement des arachides sans huile hydrogénée, sans sel ni sucre. Si une mince couche d'huile apparaît sur le dessus, brasser légèrement une première fois, puis rangez le pot tête en bas au réfrigérateur. Les supermarchés en proposent plusieurs marques dont Yum, Natur, Kraft...

Valeur nutritive : Voir Arachides.

6   Le Bio

Jusqu'à présent, peu d'études ont démontré l'effet d'une consommation d'aliments biologiques sur la santé comparativement à la consommation d'aliments non biologiques. Évidemment, ces aliments sont exempts d'OGM, de substances chimiques, d'hormones de croissance ou d'antibiotiques, ce qui est un bénéfice pour la santé. De nos jours, on en trouve de plus en plus facilement; même les supermarchés offrent une petite variété de fruits et légumes biologiques et divers produits transformés dans leur section bio ou santé. Aussi, en saison estivale, on peut se procurer chaque semaine des paniers de légumes et de fruits biologiques auprès de fermiers dans les régions de Québec, Montréal et les environs ou dans divers points de chute très accessibles dans plusieurs secteurs. On peut également commander des viandes et volailles biologiques dans certaines fermes et chez certains épiciers.

Toutefois, biologique ne signifie pas toujours nutritif. Un biscuit ou un muffin qui contient peu de fibres et beaucoup de sucre n'est pas meilleur pour la santé parce qu'il est certifié bio. Soyez vigilant.

[1] « Docteur, le soja peut-il me causer des problèmes ? », Médecins du Québec, vol. 44, n° 3, mars 2009.

Pour plus de renseignements sur les produits biologiques et sur les paniers bio, visitez le site d'Équiterre à www.equiterre.qc.ca.

Si vous n'avez pas accès aux aliments biologiques, il y a bien d'autres façons de protéger votre santé : ayez de saines habitudes alimentaires, faites de l'exercice, limitez votre consommation d'alcool et évitez le tabac.

♥ 7   Bouillon de poulet, de légumes ou de bœuf

Le meilleur bouillon reste celui préparé à la maison et dégraissé. Il est nutritif et savoureux. La section bio des supermarchés et les boutiques d'aliments naturels offrent également des produits santé dont le produit Cyrches qui offre une version déshydratée sans sel, sans gras et sans OGM ajoutés. Les marques Imagine, Pacific et Campbell 25 % moins de sodium offrent des bouillons liquides en format de 1 litre qui sont également intéressants.

♥ 8   Chapelure

Préparation : On prépare la chapelure maison avec des biscottes ou du pain de grains entiers séchés émiettés à la main ou au robot culinaire. Ajoutez à ce mélange du son d'avoine ou de blé pour augmenter la teneur en fibres. La chapelure du commerce est souvent trop salée, mais pour dépanner, vous pouvez la mélanger avec du son d'avoine ou de blé.

♥ 9   Congelé ou surgelé

Les aliments surgelés ont été soumis à de très basses températures dans un délai très court, ce qui permet la formation de cristaux de glace beaucoup plus petits et évite à la chair de l'aliment de se détériorer et de s'assécher au moment de la décongélation. Ainsi, il vaut mieux acheter un produit surgelé que de le congeler soi-même. Si, bien sûr, le produit est disponible.

Prenez l'habitude de congeler les restes de repas encore frais, les muffins, un reste de soupe, des légumes même entiers (pour d'éventuels potages)... Identifiez bien les mets congelés, sinon vous risquez de les oublier au fond du congélateur. Disposez les restes dans des contenants à lunch ou dans un contenant pour deux, pour un souper vite fait par exemple.

♥ 10   Courges

Un légume ancien : La courge est un fruit tout comme la tomate et l'avocat et elle est connue depuis plus de 10 000 ans.

Valeur nutritive : La courge d'été (courgette et pâtisson) est moins nutritive que la courge d'hiver car elle est récoltée plus tôt en saison. Elle possède alors moins de pigments donc peu d'antioxydants. La courge d'hiver est très riche en bêta-carotène, un antioxydant qui aurait un effet protecteur pour la santé cardiovasculaire. Sa concentration est supérieure à la carotte. Elle est également une excellente source de potassium et de fibres. Elle contient de la vitamine C, de l'acide folique et de l'acide pantothénique. Les courges d'hiver et d'été sont peu caloriques.

La cuisson des courges d'hiver :

1   vapeur : Couper en deux, épépiner et tailler en cubes. Cuire 15 à 40 minutes.

2   au four à 180 °C (350 °F) : Couper en deux, ne pas peler, épépiner, verser un peu d'huile, si désiré dans la cavité ou du jus d'orange ou de citron, cuire 30 à 40 minutes sur une plaque à cuisson sur laquelle vous aurez versé un peu d'eau. Vous pouvez également vous servir de la courge cuite au four pour vos potages. Il vous suffit de vider la chair une fois cuite et de la verser dans une soupe prête à être passée au mélangeur. Vous évitez ainsi d'avoir à peler la courge, ce qui vous rend la tâche plus facile.

3   au micro-ondes : Couper en deux, ne pas peler, épépiner et couvrir d'une pellicule plastique en relevant un des coins. Cuire 15 à 20 minutes à intensité maximale.

4   à l'eau : Ce type de cuisson diminue le goût et rend la courge très aqueuse. Couper en deux, épépiner, peler et tailler en cubes. Cuire dans l'eau ou un bouillon avec les autres légumes donne un excellent potage.

COURGES D'HIVER	Tableau 2 — L'UTILISATION DES COURGES
Courge Butternut ou courge musquée	Chair moelleuse, plus ou moins sucrée et très orangée Utilisation : pour les potages Conservation : 4 à 10 mois
Courge spaghetti Courge spaghetti rayée	Chair très fibreuse à saveur douce Utilisation : Cuire au four environ 30 minutes. Enlever l'intérieur fibreux dans la cavité. Servir avec une sauce à pâtes maison dans la cavité. Conservation : 4 à 10 mois
Courge poivrée ou courgeron	Chair orangée assez pâle, fine et peu fibreuse avec un goût de noisette et de poivre Utilisation : Couper en dés et ajouter à la mi-cuisson à un ragoût de légumes et de veau aromatisé de vin rouge et d'herbes de Provence. Excellent également pour les potages. Conservation : 3 à 6 mois
Courge Buttercup	Chair orangée, moelleuse et sucrée. Utilisation : Faire cuire à la vapeur et ajouter à une purée de pommes de terre assaisonnée de ciboulette et d'estragon. Excellent aussi en potage. Conservation : 3 à 7 mois
Citrouille	Chair d'un bel orangé, sucrée et parfumée Utilisation : Faire cuire dans du bouillon de poulet, réduire en purée et assaisonner de cari pour obtenir un succulent potage. Conservation : 2 à 4 mois
COURGES D'ÉTÉ Pâtisson vert Pattypan Pâtisson jaune Sunburst	Chair blanchâtre et légèrement sucrée rappelant la saveur de l'artichaut Utilisation : Ajouter en début de cuisson à un sauté de légumes. Conservation : 4 à 5 jours
Courgettes Courgettes miniatures ou zucchinis	Saveur douce et texture légèrement croquante Utilisation : Dans les sautés de légumes et ail. Aussi, on peut les râper et les ajouter à une préparation de pain de viande ou de muffins. Conservation : 4 à 5 jours

Tiré du feuillet *À la découverte des courges*, IGA.

11 Courgette

La courgette et le zucchini (courgette en italien) sont synonymes.
Utilisation : Voir Courges.

☺ 12 Crevettes

Préparation : légèrement congelée, elles se décortiqueront plus facilement. Retirez l'intestin situé sur le dos de la crevette à l'aide d'un couteau ou d'une paire de ciseaux de cuisine. Faites une incision parallèle à la veine pour le retirer avec les doigts.

Valeur nutritive : Les crevettes constituent une bonne source en gras oméga-3 et ne font pas augmenter le cholestérol LDL (mauvais) transporteur de cholestérol dans le sang.

☺ 13 Épices et fines herbes

Découvrez de nouvelles saveurs ! En plus d'apporter finesse et délice à vos plats, les épices et les fines herbes remplacent favorablement le sel; astuce appréciable pour votre santé. Elles sont délicieuses en salade ou ajoutées à vos soupes, vos mijotés...

Conservation des fines herbes : Le séchage ne convient pas à toutes les herbes. Le thym, l'origan, le romarin, le laurier et la sarriette le supportent bien. Tandis qu'il serait préférable de congeler le fenouil, la coriandre, le cerfeuil, la ciboulette, le persil et le basilic. Coupez-les aux ciseaux, disposez-les dans des bacs à glaçons et couvrez-les d'eau avant de congeler. Ensuite, entreposez les cubes dans des sacs à congélation. Il vous suffira de les ajouter à vos soupes, mijotés...

Tableau 3	
ÉPICES ET FINES HERBES[1] (suggestions d'utilisation générales)	
Ail	Une fois rôti, l'ail devient plus doux et sucré. Excellent dans les pâtes, beurre, trempettes, vinaigrettes, marinades, sauces et légumes.
Basilic	A une saveur distincte de réglisse douce. Excellent dans les plats à la tomate, les soupes, les légumes, vinaigrettes, poisson, poulet, plats aux œufs et au fromage, le pesto et l'assaisonnement cajun.
Cardamome	A une saveur citronnée. Ajouter aux pâtisseries, aux plats aux fruits, aux sauces barbecue, aux haricots au four et aux plats à la courge.
Cumin	Originaire du Moyen-Orient, il est devenu populaire dans les mets de bœuf de l'Afrique du Nord et de l'Inde. Idéal dans le chili, enchaladas, plats de légumineuses, couscous, pains de viande, ragoût, plats à l'agneau, côtes levées, sauces barbecue, vinaigrette et avec les tomates.
Épices mélangées	Un mélange d'épices sucrées pour les tourtières et les pâtés à la viande. Utilisées également dans les biscuits, les gâteaux et les puddings aux épices.
Feuille de coriandre ou persil chinois	Les feuilles ont une saveur citronnée. Ingrédient important dans les mets thaïlandais, mexicains et du Moyen-Orient.
Herbes de Provence	Mélange classique de fines herbes méditerranéennes. Utiliser avec les sauces, coq au vin, bœuf bourguignon, soupes, ragoûts, tartes relevées et tomates au four. Superbes pour faire rôtir le poulet ou le porc.
Poudre de cari	Utilisée dans les mets de l'Inde, du Moyen-Orient et de la Jamaïque. Convient aux bœuf, porc, poulet, volaille, fruits de mer, pâtes, riz, soupes, sauces, vinaigrettes, légumes, légumineuses, pains et marinades.

Tableau 3 (suite)
ÉPICES ET FINES HERBES (SUGGESTIONS D'UTILISATION SELON LE PLAT)

SOUPES	VOLAILLE ET POISSON	VIANDE ET SAUCE
Tomates et légumes	**Poulet**	**Bœuf**
Aneth en herbe	Assaisonnement à volaille	Ail
Assaisonnement à l'italienne	Basilic	Assaisonnement à l'italienne
Basilic	Coriandre	Cumin
Cayenne	Cumin	Feuilles de laurier
Ciboulette	Estragon	Herbes de Provence
Feuilles de laurier	Feuilles de coriandre	Origan
Flocons de persil	Gingembre	Piment de Cayenne broyé
Herbes de Provence	Marjolaine	Poudre de chili
Marjolaine	Paprika	Poudre de cari
Poudre de cari	Poudre de cari	Romarin
Thym	Sarriette d'été	Thym
Bœuf et oignon	Thym	**Porc**
Ail rôti	**Dindon**	Ail
Cayenne	Assaisonnement à volaille	Basilic
Feuilles de laurier	Graines de carvi	Cannelle
Gingembre	Origan	Clou de girofle
Herbes de Provence	Poudre de cari	Feuilles de laurier
Origan	Romarin	Gingembre
Paprika	Sarriette d'été	Graines de carvi
Thym	Sauge	Herbes de Provence
Chaudrées	Thym	Oignon
Aneth en herbe	**Poisson**	Origan
Cayenne	Aneth en herbe	Piment de la Jamaïque
Ciboulette	Assaisonnement poivre et citron	Sauge
Muscade ou macis	Cayenne	Sarriette d'été
Paprika	Coriandre	**Veau**
Poivre blanc	Estragon	Aneth en herbe
Sauge	Feuilles de coriandre	Assaisonnement poivre et citron
Thym	Graines de céleri ou sel de céleri	Basilic
Poulet	Origan	Gingembre
Assaisonnement à volaille	Poivre blanc	Marjolaine
Basilic	**Crustacés**	Paprika
Gingembre	Ail	Poudre de chili
Muscade ou macis	Aneth en herbe	Poudre de cari
Romarin	Assaisonnement poivre et citron	Sarriette d'été
Sarriette d'été	Basilic	
Thym	Cayenne	
	Ciboulette	
	Graines de céleri ou sel de céleri	
	Poudre de cari	
	Poivre blanc	

Tableau 3 (suite)
ÉPICES ET FINES HERBES (SUGGESTIONS D'UTILISATION SELON LE PLAT)

SAUCE À SALADE ET VINAIGRETTES

Huile et vinaigre
Ail rôti
Aneth en herbe
Assaisonnement à l'italienne
Basilic
Curcuma
Estragon
Feuilles de coriandre
Flocons de persil
Gingembre
Graines de moutarde
Oignon
Poivre noir

Crémeuse
Ail
Aneth en herbe
Feuilles de coriandre
Paprika
Poudre de cari
Poudre de chili
Sel de céleri

Macédoine de fruits
Cannelle
Cardamome
Clou de girofle
Feuilles de menthe
Gingembre
Graines de sésame
Muscade ou macis
Piment de la Jamaïque

LÉGUMES

Vert et rouge
Aneth en herbe
Assaisonnement à l'italienne
Assaisonnement poivre & citron
Basilic
Estragon
Marjolaine
Muscade ou macis
Sauge
Sel de céleri
Thym

Blanc et jaune
Aneth en herbe
Basilic
Cannelle
Cardamome
Clou de girofle
Flocons de persil
Gingembre
Graines de carvi
Oignon
Paprika
Romarin

LÉGUMINEUSES

Ail
Cayenne
Cumin
Feuilles de coriandre
Oignon
Origan
Piment de la Jamaïque
Poudre de cari

FRUITS

Cannelle
Cardamome
Clou de girofle
Coriandre
Feuilles de menthe
Gingembre
Muscade ou macis
Piment de la Jamaïque
Poivre noir
Poudre de cari

PÂTISSERIES ET BOULANGERIE

Gâteaux et biscuits
Cannelle
Cardamome
Clou de girofle
Gingembre
Graines de sésame
Muscade ou macis
Piment de la Jamaïque

Tartes et pâtisseries
Cannelle
Cardamome
Clou de girofle
Coriandre
Gingembre
Graines d'anis
Graines de sésame
Muscade ou macis
Piment de la Jamaïque

Pains
Basilic
Cannelle
Graines de carvi
Graines de sésame
Marjolaine
Oignon
Paprika
Sauge
Thym
Romarin

[1] Tiré du dépliant *épices et fines herbes* de McCormick.

14 Le fer et son absorption

Saviez-vous qu'il existe 2 types de fer ?

• le fer contenu dans les végétaux, fer non hémique;

• le fer contenu dans la chair animale, appelé fer hémique. Ce type de fer est mieux absorbé par l'organisme.

La vitamine C, au moins 75 mg, permet d'augmenter l'absorption du fer non hémique contenu dans les végétaux et favorise également l'absorption du fer hémique (source animale). On peut aussi ajouter une petite quantité de chair animale, ce qui contribue également à accroître l'absorption du fer contenu dans les végétaux.

Ce qui nuit à l'absorption du fer pendant le repas :

• les tanins contenus dans le thé ou le café consommés;

• les suppléments de calcium;

• un produit laitier à haute teneur en calcium.

Toutefois, ces aliments ou suppléments ne réduiront pas l'absorption du fer si l'apport en vitamine C est suffisant.

Tableau 4
BONNES SOURCES DE FER / SOURCES VÉGÉTALES
Portions cuites de 250 ml / 1 tasse, sauf indication contraire

Légumineuses	valeur en mg	Autres sources	valeur en mg
Fèves de soja	9	Quinoa (125 ml/½ tasse)	8
Chili con carne	9	Crème de blé prête à servir	7,5
Haricots blancs	8	(125 ml/½ tasse)	
Hummus	8	Amarante (125 ml/½ tasse)	7,4
Lentilles	7	Mélasse blackstrap	5
Haricots rouges	6	(15 ml/1 c. à soupe)	
Pois chiches	5	Céréales enrichies	1,6 à 8,3
Doliques à œil noir	4	(125 ml/½ tasse)	
Tofu régulier, 100 g/3½ oz	5	Céréales pour bébé prêtes	4 à 7
Haricots de Lima	3	à manger (125 ml/½ tasse)	
Pois cassés	3	Gruau rapide enrichi	4 à 13,2
Tofu ferme soyeux, 170 g/6 oz	1,8	Graines de citrouille, amandes	4,3
Fruits et légumes		rôties (30 ml/2 c. à soupe)	
Épinards	6	Pâtes sèches enrichies	2,5
Pommes de terre	3	(85 g/environ 1 tasse)	
de grosseur moyenne			
Feuilles de betteraves bouillies	2		
et égouttées			
Avocat (1)	2		

Source : British Columbia, Ministry of healt, http://www.bchealtguide.org/healtfiles/bilingua/hfile68d-F.pdf.

Pour augmenter l'absorption du fer de source végétale (non hémique), il faut consommer au moins 75 mg de vitamine C au même repas.

Tableau 5
BONNES SOURCES DE VITAMINE C

Portions cuites de 250 ml/1 tasse, sauf indication contraire

Fruits et légumes	Vitamine C (mg)	Fruits et légumes	Vitamine C (mg)
Goyave (125 ml/½ tasse)	188	Betteraves, cuites (125 ml/½ tasse)	45
Poivron rouge ou jaune cru ou cuit (125 ml/½ tasse)	117-142	Chou-rave, cuit (125 ml/½ tasse)	45
Papaye (153 g/½ papaye)	94	Jus de pomme non sucré, vitamine C ajoutée (125 ml/½ tasse)	45
Kiwi – 1 fruit moyen	71	Pois mange-tout (125 ml/½ tasse)	40
Orange – 1 fruit moyen	70	Pamplemousse rose ou blanc – ½ fruit	39
10 litchis	70	Pois verts, cuits (125 ml/½ tasse)	38
Jus d'orange (125 ml/½ tasse)	48-62	Jus de légumes (125 ml/½ tasse)	34
Poivron vert, cru ou cuit (125 ml/½ tasse)	51-70	Carambole – 1 fruit moyen	31
Jus d'ananas et pamplemousse (125 ml/½ tasse)	41-58	Cantaloup (125 ml/½ tasse)	29
Mangue – 1 fruit moyen	57	Ananas (125 ml/½ tasse)	28
Brocoli, cru ou cuit (125 ml/½ tasse)	42-54	Asperges (125 ml/½ tasse)	25
Choux de Bruxelles, cuits – 4 choux (80 g/3 oz)	52	Jus de tomate (125 ml/½ tasse)	23
Fraises (125 ml/½ tasse)	49	Pak-choi cuit (125 ml/½ tasse)	22
		Épinards (125 ml/½ tasse)	20

Tableau 6
BONNES SOURCES DE FER/SOURCES ANIMALES

Portions de 90 g/3 oz cuit, sauf indication contraire

	valeur en mg		valeur en mg
Palourdes (125 ml/½ tasse)	25,0	Foie de bœuf	5,5
Palourdes fraîches (5 grosses)	16,8	Bœuf	2,4
		Crevettes	2,8
Foie de porc	16,0	Sardines	2,4
Huîtres	8,0	Dinde/Agneau	2,0
Foie de poulet	7,5	Porc/Poulet	1,0
Moules	6,0	Poisson	1,0

Source : British Columbia, Ministry of Health, www.bchealthguide.org/healthfiles/bilingua/hfile68d-F.pdf

Tableau 7
BESOIN QUOTIDIEN EN FER (MG/JOUR)

Étapes de la vie	Homme	Femme
Enfants 1-3 ans	7	7
Enfants 4-8 ans	10	10
Enfants 9-13 ans	8	8
Adolescents 14-18 ans	11	15
Femme avant la ménopause		18
Femme après la ménopause		8
homme 19 ans et +	8	
Femme enceinte		27
Femme qui allaite		9-10

Source : OPDQ, *Manuel de nutrition clinique, Apports nutritionnels de référence* (ANREF).

15   Fèves de soja rôties

Valeur nutritive : Voir soja.

Achat : Les acheter nature ou sans sel. Ainsi, la liste ne devrait contenir qu'un ingrédient : fèves de soja rôties. On en trouve dans les boutiques d'aliments naturels et en épicerie. Quelques marques suggérées : So Soya +, Clic ou en vrac. Attention aux allergies, les fèves de soja rôties en vrac peuvent avoir été contaminées par les arachides ou autres noix.

Utilisation : En collation ou ajoutées aux salades.

16   Fibres

L'American Heart association (AHA) précise dans ses recommandations (révision 2006) que l'alimentation quotidienne devrait comprendre des produits céréaliers à grains entiers à haute teneur en fibres puisqu'elles réduisent les risques associés aux maladies cardiovasculaires. On recommande 25 à 35 grammes de fibres par jour. Comment y parvenir ? Intégrez des céréales riches en fibres au petit-déjeuner; privilégiez les produits céréaliers à grains entiers; consommez des légumineuses; introduisez le son de blé ou d'avoine, les graines de lin, les noix et graines dans vos recettes de muffins, dans le yogourt... et assurez-vous de consommer plus de 7 fruits et légumes par jour. Voir Produits céréaliers ☼ 32 pour faciliter l'intégration de divers produits céréaliers à votre alimentation.

Effets sur la santé

Les fibres se divisent en deux catégories : solubles et insolubles. Elles ont des propriétés physiques différentes et un mécanisme d'action propre. Deux méta-analyses ont compilé plus de 144 études et ont observé qu'un apport quotidien en fibres solubles de 2 à 10 g diminuait de 5 à 10 % le cholestérol total et le C-LDL (mauvais transporteur de cholestérol)[1]. Le tableau 8 énumère les différentes sources de fibres solubles et leur teneur. De plus, les fibres solubles agiraient comme un filtre au niveau de l'intestin pour ralentir l'absorption des glucides (les sucres), ce qui est particulièrement bénéfique pour les gens diabétiques ou à risque. Consultez un professionnel en nutrition pour plus de renseignements.

[1] Source : OPDQ, *Manuel de nutrition clinique en ligne*, section Dyslipidémie : fibres solubles.

Les fibres insolubles auraient peu d'effets sur le cholestérol sanguin. Toutefois, les fibres, qu'elles soient solubles ou insolubles, induisent un effet de satiété, ce qui favorise un meilleur contrôle du poids et, indirectement, apporte des bénéfices pour la santé cardiovasculaire et la prévention de certains cancers.

Autres considérations : Évidemment, il est important de bien s'hydrater par une consommation quotidienne de 6 à 8 verres d'eau.

Tableau 8
SOURCES DE FIBRES SOLUBLES

Aliments	Portion	Fibres totales (g)	Fibres solubles (g)
Fèves de soja rôties	60 ml / ¼ tasse	7,6	3,4
Cœurs d'artichauts en conserve	2	4,4	3,2
Métamucil*	15 ml / 1 c. à soupe	3	2,4
Psyllium en poudre/flocons*	15 ml / 1 c. à soupe	6	5
Céréales All-Bran Buds	75 ml / ⅓ tasse	13	3
Haricots rouges, cuits	125 ml / ½ tasse	5,7	2,8
Son d'avoine, non cuit	75 ml / ⅓ tasse	4,8	2,3
Fèves de soja, cuites	125 ml / ½ tasse	5,2	2,3
Choux de Bruxelles, cuits	125 ml / ½ tasse	3,2	2
Mélange de légumineuses cuites	125 ml / ½ tasse	5,9	1,9
Orange	1 moyenne	3,1	1,8
Boisson de soja	250 ml / 1 tasse	3,4	1,5
Patates douces	125 ml / ½ tasse	3,8	1,4
Pois verts, surgelés	125 ml / ½ tasse	4,4	1,3
Gruau non cuit	75 ml / ⅓ tasse	3	1,3
Prunes	2 moyennes	2	1,1
Orge cuit	125 ml / ½ tasse	4,3	1
Pomme avec pelure	1 moyenne	3,7	1
Graines de lin moulues	15 ml / 1 c. à soupe	1,6	0,9

Source : OPDQ, *Manuel de nutrition clinique*, section Dyslipidémie.

* Interaction possible : Il est préférable d'espacer la prise de médicaments de 2 heures entre la consommation de suppléments de psyllium ou de flocons de psyllium, car l'absorption du médicament pourrait être diminuée. Cela ne s'applique pas aux produits alimentaires additionnés de psyllium comme les céréales.

Exemples d'utilisation des fibres solubles :

• utiliser l'orge mondé, la patate douce ou les légumineuses pour lier les potages;

• ajouter les graines de lin moulues, le son d'avoine ou une poignée de céréales All Bran Buds™ avec psyllium aux céréales, yogourts ou compotes;

• ajouter du son d'avoine à la viande hachée, à la sauce pour pâtes ou aux pâtés.

☺ Fines herbes

Voir Épices et fines herbes.

♥ 17 Fromages

Valeur nutritive : Bonne source de calcium, les fromages renferment des gras saturés nocifs pour la santé cardiovasculaire. Privilégiez les fromages allégés à moins de 20 % de matières grasses. Le Québec en produit une bonne variété qui gagne à être découverte. Visitez le site www.fromageduquebec.qc.ca/fr/region.php pour en savoir plus. Réservez les fromages plus riches pour les occasions spéciales. Le parmesan frais se congèle. Vous en aurez ainsi toujours du frais à votre disposition.

♥ 18 Fruits

Valeur nutritive : Bien que certains fruits contiennent plus de fibres ou d'antioxydants, n'hésitez pas à varier votre consommation. Vous bénéficierez ainsi d'une plus grande variété au niveau nutritif et gustatif. Informez-vous auprès du préposé aux fruits et légumes de votre supermarché pour connaître les variétés de saison. Certains se feront même un plaisir de vous les faire goûter. Osez ! Plus les fruits sont savoureux, plus il est facile d'en consommer. Et tentez autant que possible d'acheter les fruits et légumes locaux.

Effets sur la santé : Une méta-analyse effectuée en 2004 aurait conclu à une diminution des risques associés aux maladies cardiovasculaires lorsque nous consommons plus de 5 portions de fruits et légumes par jour.

Conservation : Placez une feuille d'essuie-tout au fond du tiroir à légumes du réfrigérateur avant d'y ranger les fruits. Le papier absorbera l'humidité et les fruits se conserveront plus longtemps.

Voir le tableau n° 1, p. 139, pour les fruits riches en antioxydants.

Disponibilité des fruits du Québec :

Voir ♥ 23 Calendrier des récoltes, p.155.

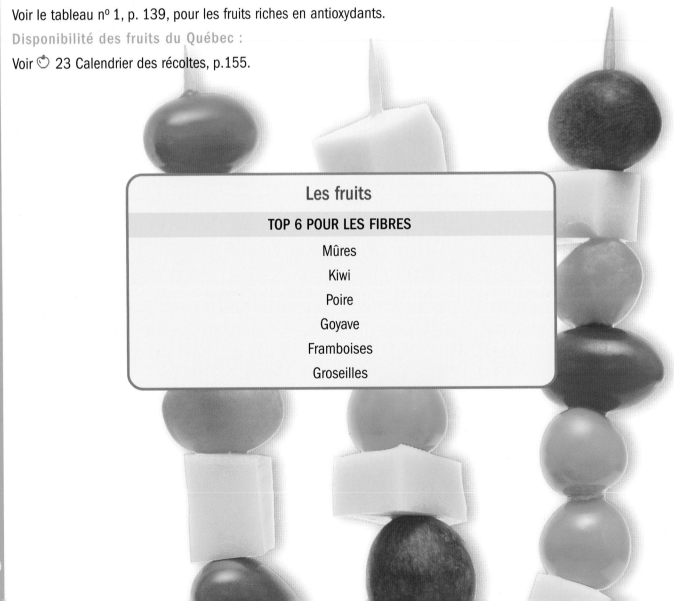

Les fruits

TOP 6 POUR LES FIBRES

Mûres

Kiwi

Poire

Goyave

Framboises

Groseilles

VOLET DÉCOUVERTE : LES FRUITS EXOTIQUES[1]

Papaye géante : Appelée aussi melon des tropiques, sa chair est plus ou moins sucrée. Saveur subtile de melon et de framboise. Pépins à l'agréable saveur piquante. Lorsqu'elle est mûre, la peau cède sous la pression du doigt. Conservation : 5 à 7 jours à température ambiante et 10 à 12 jours au réfrigérateur. Partie comestible : chair et pépins sans la pelure. Disponibilité : à l'année. Utilisation : Ajouter à la dernière minute dans les salades de fruits.

Carambole : Appelée aussi fruit étoilé, elle possède une pulpe croquante, juteuse, parfumée et légèrement acidulée. Léger goût de rhubarbe et d'ananas. Lorsqu'elle est mûre, elle est bien jaune, encore ferme et présente quelques taches brunes. Conservation : 2 jours à température ambiante et 7 jours au réfrigérateur. Partie comestible : pelure, pulpe et pépins. Disponibilité : à l'année. Utilisation : Ajouter à un sauté de poulet et de légumes ou encore cuire avec un filet de poisson aspergé de citron et de persil.

Banane naine : Appelée aussi banane douce, elle a une chair onctueuse légèrement sucrée. La variété rouge est plus sucrée que la jaune. Lorsqu'elle est mûre, elle est légèrement molle. Conservation : 5 à 6 jours à température ambiante. Ne jamais réfrigérer. Disponibilité : à l'année. Utilisation : Consommer nature ou dans les salades de fruits.

Pitahaya : Appelé aussi fruit du dragon, sa chair est blanche translucide pointillée de graines noires comestibles qui lui confèrent un côté croquant. Pulpe légèrement sucrée au goût de melon. Elle est mûre lorsqu'elle dégage un bel arôme et est sans moisissures. Elle est encore ferme mais elle cède sous une légère pression du doigt. Conservation : 10 jours au réfrigérateur. Partie comestible : la chair et les graines sans la pelure. Disponibilité : de juin à décembre. Utilisation : Servir avec de la crème glacée et un soupçon de jus de lime.

Mangue : Appelée aussi pêche des tropiques, sa chair est douce, onctueuse, sucrée et parfumée. Saveur douce d'orange, de pêche et d'ananas. Elle est mûre lorsqu'elle est lisse et légèrement souple au toucher. Se conserve 5 jours à température ambiante. Ne pas réfrigérer. Partie comestible : la chair sans le pelure. Disponibilité : à l'année. Utilisation : Enfiler sur des brochettes avec des crevettes et de l'oignon. Servir en salsa avec de la coriandre, des oignons rouges et des piments.

Chérimole : Appelée aussi chérimoya, sa chair est crémeuse, blanche et délicate. Goût doux, agréable et parfumé qui rappelle l'ananas et la banane. Elle est mûre lorsqu'elle est odorante, ni trop ferme ni trop molle et a des taches noires. Elle se conserve à température ambiante jusqu'à ce qu'elle soit mûre. Une fois mûre, elle se conserve 1 à 2 jours au réfrigérateur. Partie comestible : la chair sans la pelure ni les pépins. Disponibilité : avril (varie selon la provenance). Utilisation : Ajouter à d'autres fruits pour la préparation de jus de fruits. Couper en cubes et ajouter à du yogourt à la vanille.

Figue de Barbarie : Appelée aussi poire cactus, sa chair est fuschia ou jaune orangé, molle et peu juteuse, parsemée de pépins durs. Saveur rappelant la pomme. Elle est mûre lorsqu'elle est intacte, sans rides et cède sous une légère pression du doigt. Se conserve 12 à 15 jours au réfrigérateur. La partie comestible est la chair et les pépins sans la pelure. Disponibilité : à l'année. Utilisation : Réduire en purée pour obtenir un coulis coloré. Cuire un filet de porc avec ce coulis et un peu de vinaigre balsamique.

Goyave : Sa partie centrale onctueuse est entourée de pépins très durs et sa partie extérieure est croquante. Saveur rappelant la fraise, la poire et la pomme. Elle est mûre lorsqu'elle est lisse, sans meurtrissures et cède sous la pression du doigt. Se conserve au réfrigérateur 5 à 7 jours. Partie comestible : la pelure, la chair et les pépins. Disponibilité : à l'année. Utilisation : Cuire avec un peu de sucre et réduire en purée pour obtenir une délicieuse confiture. Pour une délicieuse boisson froide, mélanger avec une boîte de lait concentré sucré, de la glace, un peu de jus de citron et de la muscade.

---

[1] Tiré de *À la découverte des fruits exotiques*, IGA.

Cerise de terre : Appelée aussi physalis ou alkékenge, elle a une chair juteuse et sucrée avec un arrière-goût légèrement acidulé. Elle est mûre lorsqu'elle est ferme, de couleur unie et sans moisissure. Elle se conserve 2 à 3 jours à température ambiante et 7 jours au réfrigérateur. La partie comestible est la chair sans l'enveloppe. Disponibilité : à l'année. Utilisation : Couper en deux et ajouter à la tarte aux pommes. Cuire avec un peu de sirop d'érable et réduire en purée pour obtenir une marmelade maison.

Datte : Sa chair est fondante et sucrée. Elle est mûre lorsqu'elle est sans moisissure et sa peau légèrement ridée. Se conserve dans un endroit frais et sec, pour éviter la déshydratation, pendant plusieurs semaines. Partie comestible : la chair sans le noyau. Disponibilité : à l'année. Utilisation : Servir avec un plateau de fromages. Pour accompagner la viande de gibier. Mélanger avec la salade de fruits ou ajouter aux recettes de muffins.

Figue blanche : Appelée aussi figue du Brésil, elle est tendre, sucrée et fondante. Elle est mûre lorsqu'elle est bien dodue, souple au toucher, plutôt plissée et sa queue encore ferme. Si elles sont fermes, il faut les entreposer à température ambiante jusqu'à ce qu'elles s'assouplissent. Emballées dans un sac de papier, elles se conservent de 2 à 3 jours au réfrigérateur. À manipuler avec soin ! Partie comestible : la pelure, la chair et les pépins. Disponibilité : à l'année. Utilisation : Réduire en purée pour aromatiser vinaigrettes et sauces. Préparer en croustade, en tarte, en muffins et en carrés aux fruits.

🍎 19 Gingembre frais

Le gingembre frais est absolument savoureux. Conservez-le au congélateur. Il se tranche ou se râpe facilement même une fois congelé. Vous pouvez l'ajouter au riz, aux marinades, aux recettes de tofu, aux sautés de légumes...

🍎 20 Graines de lin

Voir Noix et graines.

🍎 21 Huile d'olive

Voir Matières grasses.

☼ 22 Laitue

Voir Salade.

☼ 23 Légumes

Recommandation : Consommez-en aux repas du midi et du soir et même en collation, selon vos goûts : en soupe, en crudités, en entrée, en salade, cuits vapeur, dans un sauté ou au four arrosés d'un filet d'huile et de vos meilleures fines herbes. Garnissez vos assiettes de 2 légumes différents.

Portion recommandée par repas du midi et du soir : la moitié de votre assiette, ce qui représente ce que vos deux mains jointes peuvent contenir. Plus précisément, on parle d'au moins 250 ml / 1 tasse par repas, soit 2 portions de légumes. Ayez toujours une belle variété de légumes au réfrigérateur.

Valeur nutritive : La consommation régulière de fruits et légumes diminue les risques associés aux maladies cardiovasculaires. Pour connaître les meilleures sources d'antioxydants, voir ☼ 2 Aliments anti-cancer/antioxydants.

Achat : Plus ils sont colorés, plus ils regorgent d'éléments nutritifs. Misez sur la variété et vous aurez un plus grand spectre de vitamines, minéraux et antioxydants. Les légumes surgelés représentent également un excellent choix. Pour les choix de laitues, voir voir ☼ 36 Salades.

Conservation : Pour augmenter leur temps de conservation, il vaut mieux les laver juste avant leur utilisation. Déposez une feuille de papier essuie-tout au fond du tiroir à légumes, sortez les légumes de leur sac plastique et déposez-les dans le bac. Le papier absorbera l'excès d'humidité. Lavez et essorez les feuilles de laitue avant de les réfrigérer dans un sac de plastique perforé conçu à cette fin. Vous pouvez ajouter une feuille de papier essuie-tout autour de la laitue.

Doit-on laver les fruits et légumes avec un savon spécial ? Ces produits, souvent dispendieux, ne sont pas plus efficaces qu'une bonne eau de rinçage.

Truc écolo : Plusieurs fermes biologiques au Québec vous offrent la possibilité de devenir partenaire de la ferme et vous proposent chaque semaine des paniers remplis de fruits et de légumes. Elles offrent un bel éventail de légumes et vous font découvrir de nouvelles variétés. Le coût des paniers varie selon la quantité commandée et vous pouvez économiser jusqu'à 50 % du prix en kiosque. Informez-vous auprès d'Équiterre[1].

[1] Équiterre : http://equiterre.QC.CA/ 2177, rue Masson, bureau 206, Montréal QC, H2H 1B1, (514) 522-2000.

Tableau 9
Disponibilité des légumes et fruits du Québec
CALENDRIER DES RÉCOLTES

	JAN.	FÉV.	MARS	AVRIL	MAI	JUIN	JUIL.	AOÛT	SEPT.	OCT.	NOV.	DÉC.
AIL												
ANETH												
ARTICHAUT												
ASPERGE												
AUBERGINE												
BETTE À CARDE												
BETTERAVE												
BLEUET												
BROCOLI												
CANNEBERGE												
CAROTTE CELLO												
CAROTTE DE CONSERVERIE												
CAROTTE EN FEUILLES												
CAROTTE MINIATURE												
CÉLERI												
CÉLERI-RAVE												
CERISE DE TERRE												
CHAMPIGNON												
CHICORÉE												
CHOU CHINOIS												
CHOU DE BRUXELLES												
CHOU DE SAVOIE												
CHOU-FLEUR												
CHOU-FLEUR VERT												
CHOU NAPPA												
CHOU ROUGE												
CHOU VERT												
CITROUILLE												
CONCOMBRE DE CHAMPS												
CONCOMBRE DE COUCHES												
CONCOMBRE DE SERRE												
CORNICHON FRAIS												
CORNICHON SALÉ												
COURGE (VARIÉTÉ)												
COURGE (ZUCCHINI)												
ÉCHALOTE FRANÇAISE												
ENDIVE												
ÉPINARD												
FINES HERBES												
FLEUR ANNUELLE												
FRAISE												
FRAMBOISE												
GOURGANE												
HARICOTS JAUNES ET VERTS												
HARICOT ROUGE												
LAITUE BOSTON												
LAITUE BOSTON HYDROPONIQUE												
LAITUE EN FEUILLES												
LAITUE POMMÉE												
LAITUE ROMAINE												
MAÏS DÉCORATIF												
MAÏS SUCRÉ												
MELON CANTALOUP												
MELON DE MIEL												
MELON D'EAU												
OIGNON ESPAGNOL												
OIGNONS JAUNES ET ROUGES												
OIGNON VERT												
PANAIS												
PERSIL FRISÉ												
PIMENT FORT												
PLANT DE FLEUR												
POIREAU												
POIS MANGE-TOUT												
POIVRON VERT												
POMME												
POMME DE TERRE												
PRODUITS DE L'ÉRABLE												
RABIOLE												
RADICCHIO												
RADIS CELLO												
RADIS EN FEUILLES												
RHUBARBE												
RUTABAGA												
SCAROLE												
TOMATE CERISE												
TOMATE DE CHAMPS												
TOMATE DE SERRE												
TOMATE ITALIENNE												

Source : www.iga.net/mangezQuebec.asp?s=4.

♡ 24 Légumineuses

Valeur nutritive : Il existe plus de 13 000 espèces de légumineuses qui vont des lentilles aux haricots, aux fèves, aux pois et aux arachides. Il y a plus de 11 000 ans, on découvrait les premières traces de légumineuses sur les territoires de l'Asie. Aujourd'hui, plus de 25 millions de Nord-Américains ont déjà apprivoisé l'alimentation végétarienne et beaucoup d'autres l'intègrent doucement à leur alimentation. Les légumineuses représentent une source de protéines de qualité. Environ 250 ml/1 tasse de légumineuses couvrent vos besoins en protéines au repas. Toutefois, le soja renferme des protéines de qualité supérieure; 125 ml/½ tasse suffit donc à couvrir vos besoins protéiques au repas (voir Soja ♡ 39).

Les protéines contenues dans les légumineuses sont différentes des protéines animales. En fait, elles sont incomplètes, car certains de leurs acides aminés sont en quantité inférieure par rapport aux autres acides aminés. Ce qui a fait naître le mythe sur la complémentarité des protéines voulant que les protéines végétales et les protéines contenues dans les produits céréaliers soient nécessairement jumelées dans le même repas. Cela n'est pas nécessaire. C'est beaucoup plus simple que cela. Consommez les protéines végétales et les produits céréaliers tout au long de la journée, et les protéines se compléteront d'elles-mêmes.

Les légumineuses constituent une très bonne source de thiamine, de riboflavine et de niacine. Elles contiennent également du magnésium, du phosphore et du calcium, du fer, du manganèse et du cuivre. Elles renferment également une source très élevée de fibres alimentaires et sont exemptes de gras nocifs pour la santé cardio-vasculaire. Pour bénéficier d'une plus grande absorption du fer contenu dans les légumineuses, incorporez dans le même repas un aliment riche en vitamine C. Voir Fer ♡ 14 et source de vitamine C, tableau 5, p. 147.

Achat : On les achète sèches ou en conserve, ce qui constitue un bon choix également, surtout lorsque le temps vous manque. Rincez bien à l'eau avant l'utilisation, ce qui permettra d'éliminer une bonne partie du sel utilisé pour la conservation.

Tableau 10
TREMPAGE ET CUISSON POUR 250 ML/1 TASSE DE LÉGUMINEUSES SÈCHES

Légumineuses sèches	Temps de trempage (heure)	Liquide	Temps de cuisson**	Aromates*** proposés
FÈVES				
Gourgane *Fèves des marais**	8 à 12	750 ml/3 tasses	1½ à 2½ heures	menthe, paprika, thym
HARICOTS				
Aduki	3	750 ml/3 tasses	¾ à 1½ heure	
Blancs	8 à 12	750 ml/3 tasses	1½ à 2 heures	
Doliques à œil noir	8 à 12	750 ml/3 tasses	50 minutes	
Flageolets	4 à 6	750 ml/3 tasses	1½ à 1 ¾ heure	
Lima géants	8 à 12	500 ml/2 tasses	1½ à 2 heures	laurier, origan,
Lima petits *bébés Lima**	8 à 12	500 ml/2 tasses	1 à 1½ heure	paprika, piment,
Mung *mungo**	NON	750 ml/3 tasses	1 h à 1½ heure	sauge, sarriette, thym
Noirs	8 à 12	1 litre/4 tasses	1 à 1½ heure	
Pinto	8 à 12	750 ml/3 tasses	2 à 2½ heures	
Romaines	8 à 12	750 ml/3 tasses	30 à 45 minutes	
Roses	8 à 12	750 ml/3 tasses	1 à 1½ heure	
Rouges	8 à 12	750 ml/3 tasses	1 à 1½ heure	
Soja	8 à 12	750 ml/3 tasses	2½ à 3 heures	curry, thym, piment doux
LENTILLES				
Brunes *Dupuy**	NON	750 ml/3 tasses	20 à 60 minutes	cerfeuil, noix de
Rouges	NON	750 ml/3 tasses	15 à 20 minutes	muscade, petits
Vertes	NON	750 ml/3 tasses	20 à 25 minutes	oignons piqués
- petite *Eston**	NON	750 ml/3 tasses	40 à 45 minutes	de clous de girofle
- régulières *Laird**				
POIS				
Cassés	NON	750 ml/3 tasses	1 heure	sarriette, thym
Chiches *Garbanzo**	8 à 10	1 litre/4 tasses	2 à 2½ heures	carvi, menthe, romarin, sauge

*   Autre nom donné à la légumineuse.

** Temps de cuisson : Les temps de cuisson ne sont que des moyennes. Les temps réels varient en fonction de la variété, des conditions de culture, de la maturité à la récolte, de la dureté de l'eau de cuisson, du temps écoulé depuis la récolte. Plus une légumineuse est entreposée longtemps, plus elle sera longue à cuire.

*** Les aromates s'apprêtent bien avec les légumineuses indiquées. Toutefois, n'hésitez pas à découvrir d'autres saveurs.

Tableau 11
LES DIFFÉRENTS TYPES DE GRAS

BONS GRAS

LES GRAS POLYINSATURÉS	
OMÉGA-3	À privilégier
OMÉGA-6	À consommer avec modération
LES GRAS MONOINSATURÉS	À privilégier

MAUVAIS GRAS

LES GRAS SATURÉS	À limiter
LES GRAS HYDROGÉNÉS « TRANS »	À éviter

1. LES GRAS POLYINSATURÉS

Les acides gras polyinsaturés renferment 2 types d'acides gras essentiels nommés oméga-6 et oméga-3. On les dit essentiels car l'organisme ne peut les fabriquer. On doit donc s'assurer de les consommer. Les oméga-6 renferment principalement l'acide arachidonique (AA), tandis que la famille des oméga-3 renferme l'acide eicosapentanoïque (EPA) et l'acide docosahexanoïque (DHA) provenant des sources marines ainsi que l'acide alpha-linolénique (ALA) provenant des sources végétales.

Données actuelles sur les recherches scientifiques

Ratio oméga-6/oméga-3

En général, on estime que le rapport oméga-6/oméga-3 dans l'alimentation occidentale se situe entre 10 et 30 pour 1, alors qu'il devrait être de 5 pour 1. Ainsi, la population québécoise se retrouve aujourd'hui avec un ratio oméga-6/oméga-3 moyen de 11,9 (mesuré dans les phospholipides du sang) ce qui, selon les normes canadiennes, est beaucoup trop élevé. Notre alimentation, trop riche en acides gras oméga-6 et déficiente en acides gras oméga-3, pose un important problème de santé publique. Plus de 1 000 études scientifiques portant sur les oméga-3 sont publiées chaque année, et les bienfaits de ces derniers sont bien établis dans la communauté scientifique.

Effet des oméga-3 sur la santé

Dans les années 1970, on avait avancé l'hypothèse qu'il y avait une faible incidence de mortalité par infarctus du myocarde chez les Inuits du Groenland parce que ceux-ci consomment en grande quantité l'acide gras oméga-3. Plusieurs études ont été réalisées depuis pour vérifier cette hypothèse, et certaines démontreraient les différents modes d'action des oméga-3 sur les facteurs de risques associés aux maladies cardiovasculaires.

On trouve, entre autres :

• une prévention au niveau de l'arythmie cardiaque;

• un effet antithrombotique (prévient la formation de caillots sanguins);

• une diminution des dépôts lipidiques (gras) sur la paroi interne des artères;

• une action anti-inflammatoire;

• une réduction des triglycérides;

• une baisse de la pression artérielle;

• une diminution des risques de mort subite par arrêt cardiaque;

• une amélioration de la fonction endothéliale.

D'autres effets possibles[1] : Certains chercheurs auraient démontré une diminution des risques d'accouchement prématuré chez les femmes qui consomment des huiles de poisson riches en oméga-3 comparativement à celles qui consomment des huiles pauvres en oméga-3. Aussi, une alimentation riche en oméga-3 aurait des effets positifs sur le développement du nourrisson et pourrait prévenir les désordres inflammatoires et les dépressions à répétition.

Recommandations pour un apport adéquat en oméga-3

Les Nord-Américains ne consomment pas suffisamment de poisson pour obtenir l'apport recommandé. L'American Heart Association recommande un apport de 500 mg d'EPA et de DHA par jour pour une population en santé et de 1 000 mg d'EPA et de DHA par jour pour les gens qui souffrent de problèmes cardiaques. Deux à trois repas de poisson gras par semaine vous fournissent l'équivalent de 500 mg d'EPA et de DHA par jour (voir le tableau 12, p. 160). Le groupe d'experts de la Société internationale pour l'étude des acides gras et lipides (ISSFAL) fait sensiblement les mêmes recommandations.

Les suppléments d'oméga-3 : pour qui ?

Ceux et celles qui n'aiment pas le poisson peuvent choisir les suppléments d'huile de poisson. Ils contiennent des EPA et des DHA dans des proportions différentes. Par exemple, certains suppléments sont principalement composés d'EPA qui pourraient améliorer l'humeur, tandis que d'autres ont un ratio d'environ 3 pour 1 d'EPA et de DHA. Ce ratio ressemble beaucoup plus à celui que l'on retrouve naturellement dans le poisson, donc plutôt protecteur au niveau cardiovasculaire. Par exemple, une capsule de 500 mg d'oméga-3 avec ce ratio pourrait contenir environ 300 mg d'EPA et 200 mg de DHA. Assurez-vous que le produit possède un numéro d'identification, soit un DIN (numéro d'identification numérique à huit chiffres), soit un NPN (numéro de produit naturel) obligatoires au Canada. Ce code confirme que Santé Canada a évalué l'innocuité, l'efficacité et la qualité du produit. Et il est préférable d'en discuter avec votre médecin si vous avez l'intention d'introduire ce supplément dans votre alimentation. Il connaît votre état de santé et la liste de vos médicaments. Par exemple, chez certaines personnes, il y aurait des risques de saignement et, plus particulièrement, s'il y a prise d'un anticoagulant.

---

[1] M. Lepage, M. Lucas, H. Baribeau, *Santé la Gaspésie*, Québec, Éditions Maryse Lepage, 2003.

Tableau 12
MEILLEURES SOURCES D'OMÉGA-3

Meilleures sources marines			
Aliments	Portion crue	Oméga-3 g/100 g	mg/100 g
Sardine de l'Atlantique	100 g/3,5 oz	4,3	4 300
Hareng de l'Atlantique	100 g/3,5 oz	1,1	1 100
Maquereau bleu	100 g/3,5 oz	1,1	1 100
Saumon rouge (Sockeye)	100 g/3,5 oz	1,1	1 100
Truite arc-en-ciel d'élevage	100 g/3,5 oz	1,1	1 100
Saumon d'élevage de l'Atlantique	100 g/3,5 oz	0,9	900
Saumon sauvage et truite d'élevage[1]	100 g/3,5 oz	0,7	700
Morue charbonnière	100 g/3,5 oz	0,6	600
Crevettes crues[2]	100 g/3,5 oz	0,5	530
Flétan du Groenland (turbot)	100 g/3,5 oz	0,3	300
Truite sauvage[1]	100 g/3,5 oz	0,2	200
Omble[3]	N/D	N/D	N/D
Meilleures sources végétales			
Aliments	Portion[4]	Oméga-3 g/100 g	
Huile de lin	15 ml/1 c. à soupe	7,8	
Noix de Grenoble déshydratées	15 ml/1 c. à soupe	1,1	
Graines de lin[2]	15 ml/1 c. à soupe	2,2	
Huile de noix	15 ml/1 c. à soupe	1,6	
Huile de canola	15 ml/1 c. à soupe	1,4	
Autres sources			
Œufs oméga-3	1 œuf (gros)	0,4	

Source : *Manuel de nutrition clinique en ligne*, dyslipidémie.

N/D : données non disponibles.

1. Source : *Les saumons et truites arc-en-ciel d'élevage aussi bons pour la santé que leurs congénères sauvages*, Sainte-Foy, Les Presses de l'Université Laval, 2005. www.google.ca/search?hl=fr&q=saumon+sauvage+saumon+d%27%C3%A9levage&meta=

2. Source : M. Lepage, M. Lucas, H. Baribeau, *op. cit.*

3. Bien que les valeurs ne soient pas disponibles, ce poisson ainsi que les autres apparaissant dans le tableau, font partie de la liste de poissons riches en oméga-3 émise par Santé Canada : www.hc-sc.gc.ca/ahc-asc/media/advisories-avis/2007/2007_31_f.html.

4. Les portions des huiles, noix et graines ont été standardisées.

Les oméga-6 : à consommer avec modération

Sources végétales les plus élevées en oméga-6 : les huiles de carthame, de tournesol, de soja, de pépin de raisin, de maïs, de sésame, de noix, de germe de blé; les noix de pin, du Brésil, de Grenoble; les graines de tournesol, de courge, de citrouille.

Sources animales : viandes, abats, œufs

Vous constaterez que l'on retrouve certains aliments listés autant dans la section oméga-3 que dans la section oméga-6. Si ces aliments sont inscrits dans le tableau des sources d'oméga-3, considérez qu'ils sont recommandés puisqu'ils ont un bon ratio oméga-6/oméga-3.

En résumé, on obtient un bon ratio oméga-6/oméga-3 en 3 points :

- Consommer des oméga-3 de sources marines, soit au moins 2 à 3 repas de poissons gras par semaine.
- Consommer des oméga-3 de sources végétales par exemple, 15 ml/1 c. à soupe de graines de lin moulues par jour couvre vos besoins quotidiens (voir le tableau 12).
- Choisir les bons gras pour cuisiner. Ils devront être riches en gras monoinsaturés comme l'huile d'olive, ou avoir un bon ratio oméga-6/oméga-3, comme l'huile de canola. Voir « Choisir les bons gras pour cuisiner !».

2. LES GRAS MONOINSATURÉS

Sources

L'huile d'olive, de canola, de noisette, d'amande et d'arachide, l'avocat, les amandes, les arachides et leur beurre naturel, les pistaches, les pacanes, les noix de cajou et les olives sont toutes de bonnes sources de gras monoinsaturés.

Effets positifs sur la santé

Les gras monoinsaturés favorisent la baisse des LDL, les mauvais transporteurs de cholestérol (transportent le cholestérol au niveau des artères), et ont tendance à maintenir ou légèrement augmenter les HDL, les bons transporteurs de cholestérol (transportent le cholestérol au niveau du foie pour être métabolisé).

L'huile d'olive extravierge riche en acides gras monoinsaturés a fait ses preuves. Plusieurs études ont démontré qu'elle réduisait les risques associés aux maladies cardiovasculaires. Elle aurait un effet bénéfique sur le cholestérol sanguin. La teneur en polyphénols dans l'huile d'olive en serait responsable, et c'est pourquoi il est doublement recommandé de consommer une huile de bonne qualité qui renferme plus de polyphénols.

LES MAUVAIS GRAS

3. LES GRAS SATURÉS : À LIMITER !

Sources : produits laitiers non allégés (lait 3,25 %, fromages gras, beurre, crème, crème glacée), les viandes grasses, charcuteries, plusieurs aliments préparés, les aliments de restauration rapide comme les frites, hamburgers...

En industrie, les gras saturés se cachent sous les appellations suivantes :

- Huile de palme
- Huile de palmiste
- Huile de coprah
- Huile de noix de coco
- Saindoux
- Beurre, crème
- Beurre de cacao
- Graisse de bœuf

Ne vous faites pas prendre ! Plusieurs produits affichent actuellement « sans gras trans » pour mousser la vente de leurs produits, ce qui peut faire croire que le produit est santé. Vérifiez bien la liste des ingrédients, car plusieurs producteurs ont remplacé ces gras par de l'huile de palme, un gras saturé un peu moins nocif que les gras « trans », mais pas plus bénéfique pour la santé cardiovasculaire.

Les gras saturés ingérés en grande quantité sont associés à plusieurs problèmes de santé. Ils ont pour effet d'augmenter les mauvais transporteurs de cholestérol (C-LDL) qui augmentent les risques associés aux maladies cardiovasculaires.

Un mot sur le cholestérol

Le cholestérol sanguin provient de deux sources : 80 % provient naturellement du foie et 20 % des aliments consommés.

Le cholestérol alimentaire aurait peu d'effet sur le cholestérol sanguin. Les aliments qui contiennent des gras saturés et des « gras trans » seraient les grands responsables des troubles cardiovasculaires.

Qu'en est-il des œufs ?

L'œuf est un aliment complet et nutritif. Ce sont plutôt les aliments qui l'accompagnent qui constituent le problème, par exemple une quantité généreuse de beurre pour la cuisson, le bacon, les saucisses, les pommes de terre rôties dans des huiles de moindre qualité, etc.

Quant à la fréquence de consommation des œufs, le discours n'est pas unanime. Certains conseilleront 4 œufs par semaine pour les gens en bonne santé; d'autres iront jusqu'à 7 œufs par semaine. Pour les gens qui souffrent d'hypercholestérolémie familiale, une consommation de 2 œufs par semaine est suggérée. Pour ma part, je dirais que c'est plutôt du cas par cas.

4. LES GRAS HYDROGÉNÉS TRANS : À ÉVITER !

Les gras hydrogénés sont présents dans plusieurs aliments transformés comme les margarines qui ne font pas mention de l'appellation « non hydrogénée ». Ils sont souvent présents dans les produits préparés tels que les pâtisseries, craquelins, pâte à tarte, pâte à crêpe, sauce, quiche ou pâté, etc. En fait, tout produit transformé est susceptible d'en contenir. Vérifiez la liste des ingrédients.

En industrie, les gras trans peuvent se cacher sous les appellations suivantes :

- Huile végétale hydrogénée ou partiellement hydrogénée
- Shortening d'huile végétale
- Margarine d'huile végétale
- Margarine dure
- Margarine ou graisse végétale

Effet des gras trans sur la santé

Les gras hydrogénés ou gras trans ont un effet doublement nocif sur la santé cardiovasculaire. En plus d'augmenter le nombre de mauvais transporteurs de cholestérol sanguin (C-LDL), ils diminuent celui des bons transporteurs de cholestérol (C-HDL) qui ont un effet protecteur pour le cœur.

CHOISIR LES BONS GRAS POUR CUISINER !

Un mot sur les huiles

Valeur nutritive des huiles en général : Toutes les huiles ont la même valeur calorique. Chacune renferme une combinaison de plusieurs acides gras dans des proportions qui lui sont propres : les acides gras monoinsaturés, polyinsaturés et saturés. Les acides gras monoinsaturés et polyinsaturés sont reconnus pour avoir des effets bénéfiques sur la santé cardiovasculaire, alors que les gras saturés consommés en quantité élevée sont associés à plusieurs problèmes de santé dans la population.

L'huile de lin possède une bonne teneur en oméga-3, toutefois, elle s'oxyde facilement. C'est pourquoi il ne faut pas la chauffer. De plus, préférez les petits contenants car une fois la bouteille ouverte, l'huile ne se conservera pas plus de 3 à 4 semaines au réfrigérateur.

L'HUILE D'OLIVE À LA LOUPE !

L'huile d'olive pressée à froid : Le pressage à froid s'effectue à une température maximale de 60 °C. Les huiles pressées à froid ne sont pas raffinées. Ainsi, leur valeur nutritive serait supérieure aux autres puisqu'elles ont conservé leurs polyphénols. La mention « pressée à froid » ne fait pas l'objet d'une réglementation au Canada, ce qui veut dire qu'une huile dite « pressée à froid » peut ne pas l'être. De plus, selon un expert en huile d'olive, le procédé à l'eau chaude ne serait pratiquement plus utilisé aujourd'hui et l'appellation « pressée à froid » serait devenue un outil de marketing.

L'huile d'olive de première pression est obtenue après une première extraction.

L'huile extravierge est de première pression. Elle doit avoir un taux d'acidité inférieur à 1 g/100 g. L'appellation extravierge est réglementée par l'Union européenne et ne concerne que l'huile d'olive.

L'huile vierge désigne une huile de première pression qui doit avoir un taux d'acidité inférieur à 2 g/100 g.

L'huile 100 % pure provient d'une seule source, mais est souvent de 2e pression, donc de qualité inférieure.

L'huile légère possède autant de calories que les autres huiles. On la dit légère en raison de sa saveur moins prononcée. Elle a été chauffée et raffinée, un procédé qui élimine tous ses pigments antioxydants.

Critères d'achat de l'huile d'olive

Étant donné que la mention « pressée à froid » ou « extravierge » n'est pas réglementée au Canada, voici quelques indices pour vous guider dans le choix d'une huile de qualité.

• La bouteille devrait être opaque et indiquer une date de péremption.

• Le prix devrait dépasser 10 $ le litre, car la qualité a un prix.

Quelques suggestions d'un expert en huile d'olive[1] en ce qui a trait à la saveur et à la qualité

• Fragranza di Sicilia : « Une huile à bas prix, d'une petite propriétaire de Sicile. »

• il Frantoio : « La Frontoio est aussi une très bonne huile. »

• VEA : « Une huile biologique de grande qualité qui coûte un petit peu plus cher. »

• Domaine de Marquiliani : « Une huile de qualité magnifique. »

• Nunez De Prad : « Prix intermédiaire, mais du très, très, très haut de gamme. Il a classé cette huile d'olive parmi les meilleures au monde. »

---

[1] Entrevue avec un expert, Philippe Mollé : www.radio-canada.ca/actualité/lepicerie/docArchives/2003/09/18/enquete.shtml.

Autres suggestions : La Maison Orphée est pionnière en matière de fabrication d'huiles de première pression à froid au Québec, où elle est établie depuis 1983. La maison a développé le savoir-faire des maîtres huiliers européens pour produire des huiles vierges qui ont conservé la saveur et la valeur nutritive des olives.

LES GRAS À PRIVILÉGIER EN CUISINE

Pour la santé et pour éviter l'oxydation des huiles.

Sautés légers ou mijotés : l'huile d'olive pressée à froid ou extravierge et l'huile de canola

Cuisson au four : les huiles pressées à froid, d'olive, de canola ou de noix

Pour les mayonnaises : l'huile de canola pressée à froid (pour le goût)

Pour les vinaigrettes et trempettes : les huiles pressées à froid d'olive, de canola ou de noix

Pour la friture : l'huile d'olive régulière ou d'arachide

Pour varier ! Dans les trempettes ou les vinaigrettes par exemple, utilisez d'autres saveurs et intégrez de nouvelles huiles pour apporter une touche différente. Les huiles de sésame grillées ont un goût délicieux dans les vinaigrettes. L'huile de noisette apporte beaucoup de saveur aux salades également.

* Un mythe entoure l'huile d'olive pressée à froid ! On dit qu'elle ne résiste pas bien à la chaleur! Cela est faux. L'huile d'olive pressée à froid possède un point de fumée de 166°C, qui lui permet de très bien supporter vos plats mijotés ou vos sautés légers. Toutefois, les antioxydants contenus dans l'huile d'olive pressée à froid ne résisteront pas à une haute température. Ainsi, il n'est pas nécessaire d'utiliser une huile de grande qualité pour ce type de cuisson. L'huile d'olive raffinée possède un point de fumée supérieur (220°C) qui lui permettra de supporter cette chaleur.

Truc culinaire pour le tour de taille : Bien que l'huile d'olive soit bonne pour la santé, il ne faut pas oublier sa valeur calorique. Ainsi, pour diminuer la quantité d'huile lors de la cuisson et pour étendre plus uniformément l'huile dans la casserole, utilisez un vaporisateur d'huile. On en trouve dans les boutiques d'accessoires de cuisine. Vous économiserez calories et argent ! Le bec verseur peut également aider à contrôler la quantité d'huile. On le trouve aussi dans les boutiques d'accessoirs de cuisine.

Conservation des huiles

Conservez les huiles instables à la chaleur telles l'huile de noix, de lin, de chanvre au réfrigérateur; conservez les huiles plus stables comme l'huile d'olive, de canola, d'arachide, de tournesol et de sésame dans un endroit sec et frais, dans un contenant opaque et bien fermé.

Achetez de petites quantités d'huile pressée à froid, car une exposition trop longue à l'air augmente les risques d'oxydation. Toutefois, si vous préférez acheter de gros contenants, rangez-les au réfrigérateur et transvidez l'huile dans des petites bouteilles ou dans un vaporisateur que vous rangerez au garde-manger pour l'utilisation quotidienne.

♡ 26 Miel

On retrouve le miel en plusieurs couleurs et saveurs. Plus le miel est foncé, plus il sera goûteux. Sur le plan nutritif, il contient très peu de vitamines et de minéraux. Le miel, pasteurisé ou non pasteurisé, pourrait contenir une bactérie nommée *clostridium botulinum*. Lorsqu'un bébé de moins d'un an ingère les spores de cette bactérie, elles se développent et produisent un poison dans son intestin. Malgré que le risque soit assez faible au Canada, il est tout de même présent. Il est donc fortement déconseillé d'en offrir à un enfant de moins d'un an. Les cas de botulisme infantile sont très rares chez les enfants de plus d'un an, car leur flore intestinale est suffisamment mature pour les protéger.

Pour la saveur : Faire chauffer le miel au micro-ondes augmente sa teneur en hydroxyméthyl furfural (HMF) et lui donne une saveur désagréable.

♡ 27 Noix et graines

Valeur nutritive des noix : Les noix et les graines sont particulièrement bénéfiques pour la santé du cœur puisqu'elles contiennent principalement de bons gras, soit les gras polyinsaturés et monoinsaturés, ce dernier étant celui que l'on retrouve dans l'huile d'olive. De plus, elles sont pour la plupart très pauvres en gras saturés. Aussi, elles renferment des protéines végétales, des fibres solubles, de l'acide folique, certains antioxydants et de l'arginine, tous des composés bioactifs qui diminuent les risques associés aux maladies cardiovasculaires. Pour bénéficier de ces avantages, consommez environ 4 portions (1 portion équivaut à environ 30 à 60 g/4 c. à soupe) de noix par semaine[1]. Les gens qui surveillent leur poids ne devraient pas s'empêcher d'en consommer. Elles sont excellentes en collation ou encore mélangées dans vos recettes de muffins, de pains ou en salade.

Achat : Préférez les noix en écales ou décortiquées, non salées. Vérifiez la date de péremption sur l'emballage.

Conservation : Les noix et les graines décortiquées se conservent dans un contenant hermétique au réfrigérateur pendant 4 à 6 mois et jusqu'à 1 an au congélateur. Les noix non décortiquées se conservent jusqu'à 1 an à température ambiante (20 °C).

[1] Tiré de l'OPDQ, section cardiologie, dyslipidémie, « noix ».

PARTICULARITÉS

Noix de Grenoble

Valeur nutritive : Contient de l'oméga-3 de source végétale nommé acide alpha-linolénique (ALA). Voir Matières grasses.

Achat : N'achetez pas de noix qui semblent avoir traîné sur les tablettes. Achetez-les chez un épicier qui a un bon roulement de marchandises. Vérifiez la date de péremption sur l'emballage.

Conservation : Les noix de Grenoble renferment des acides gras oméga-3 qui sont très sensibles à l'oxydation. Congelez les grandes quantités et réfrigérez de petites quantités à la fois. Bien que les noix de Grenoble se conservent jusqu'à 4 à 6 mois au réfrigérateur, on ne connaît pas les conditions d'entreposage qu'elles ont subies chez le transformateur et, malheureusement, on retrouve souvent des noix rances sur les tablettes, et ce, même dans des chaînes d'épicerie fiables.

Graines de lin

Valeur nutritive : La graine de lin représente une très bonne source végétale d'oméga-3 (ALA) et également une source de fibres solubles (voir ♡16) qui joueraient un rôle protecteur au niveau du mauvais cholestérol sanguin. La dose recommandée est de 15 ml/1 c. à soupe par jour. Elle constitue également une source de protéines intéressante au petit-déjeuner, environ 3 g de protéines par 15 ml/1 c. à soupe. La graine de lin est l'aliment qui contient le plus de lignanes, une substance semblable aux œstrogènes sécrétés par les ovaires. Elles font partie de la famille des phytoestrogènes, qui pourraient contribuer à la prévention de l'ostéoporose et de certains cancers hormonodépendants tels le cancer du sein et le cancer de la prostate. Les dernières recherches n'ont pas toutes démontré ces bénéfices. Pour les femmes ayant reçu un diagnostic de cancer, 1 c. à soupe de graines de lin par jour ne peut pas faire de tort.

Utilisation : Pour pouvoir absorber ses oméga-3, vous devrez la moudre. Ajoutez-la au yogourt ou à des desserts, sur vos rôties ou dans vos céréales, etc. Elle est sensible à la chaleur, donc évitez de la chauffer. Elle supporte toutefois la cuisson au four.

Conservation : Ses oméga-3 la rendent sensible à l'oxydation. En moudre de petites quantités à la fois qui se conserveront 3 à 4 jours au réfrigérateur et environ 1 semaine au congélateur.

♡ 28   Oignon vert

Appelé par erreur « échalote » au Québec; ne pas confondre avec l'échalote française.

♡ 29   Palourdes

Valeur nutritive : Les palourdes constituent une excellente source de fer, de vitamine B12 et de potassium. Elles contiennent 5 fois plus de fer que le foie de bœuf.

Achat : On peut les acheter fraîches ou en conserve. Il est préférable de rincer et d'égoutter les palourdes en conserve avant utilisation afin d'éliminer une partie du sel.

Utilisation : Ajoutez-les à des pâtes arrosées de sauce tomate ou encore à une soupe ou à un plat de fruits de mer. En fait, on peut les intégrer partout où le poisson s'y prête.

♡ 30   Pâte, riz, farine et compagnie

Voir Produits céréaliers.

♡ 31   Poisson

Valeur nutritive : Le poisson renferme des oméga-3 de source marine composés des acides eicosapentanoïques (EPA) et des acides docosahexanoïques (DHA) qui sont très bénéfiques pour votre santé. Voir ♡ 25 *Matières grasses*, section oméga-3.

Quantité recommandée : Pour profiter des bienfaits liés aux oméga-3, consommez au moins 2 à 3 repas de poisson gras par semaine. Si vous souffrez de problèmes cardiaques, la recommandation s'élève à 1 000 mg par jour, ce qui représente au moins 4 repas de poisson gras par semaine. Voir *Matières grasses* ♡ 25, tableau 12.

LES POLLUANTS

Les saumons et truites arc-en-ciel d'élevage sont aussi bons pour la santé que les sauvages[1] !

Les résultats scientifiques démontrant des taux élevés de contaminants dans les saumons d'élevage et sauvages ont énormément inquiété la population québécoise en 2002 et 2004. Ces recherches ont fait l'objet de plusieurs critiques de la part d'autres scientifiques. Au Québec, les règles de consommation du poisson sont basées sur les directives de l'Agence canadienne d'inspection des aliments (ACIA). Le poisson peut contenir des contaminants environnementaux. Afin de prévenir leur ingestion à des taux jugés non sécuritaires pour la population, des organismes dont Santé Canada ont défini des valeurs toxicologiques de référence (VTR). Une étude a été réalisée en 2005 par des chercheurs du Centre hospitalier de l'Université Laval et de l'Institut national de santé publique du Québec, afin d'évaluer le contenu en acides gras et en contaminants du saumon Atlantique et de la truite arc-en-ciel d'élevage et sauvages. Les concentrations de BPC, dioxines et furannes et mercure de l'étude réalisée au Québec ont été comparées aux résultats obtenus par d'autres études réalisées ailleurs au Canada et dans le monde et ont montré que le niveau de contaminants environnementaux est bien au-dessous des valeurs toxicologiques de référence (VTR). Même en consommant plusieurs fois par semaine ces poissons, il est impossible d'atteindre la limite de référence jugée toxique pour les BPC, dioxines et furannes et mercure. Aussi, les métaux lourds en question se retrouvent principalement sous la peau ainsi que dans la partie grise attachée à la chair du poisson. Il suffit de les retirer après cuisson et ainsi vous éliminerez du même coup la majeure partie des quelques traces de contaminants qui pourraient être présents.

Recommandations de consommation pour quelques poissons

Pour les poissons d'eau douce dont la barbotte, le crapet, l'esturgeon, la lotte, le meunier ou la perchaude, on recommande d'en consommer une fois par semaine.

Pour les espèces prédatrices comme le doré, le brochet, l'achigan, le maskinongé et le touladi, la limite est de 2 fois par mois.

Le *Guide de consommation du poisson de pêche sportive en eau douce* vous donnera plus de détails. Dernièrement, Santé Canada a recommandé de consommer moins d'une fois par semaine le requin, l'espadon et le thon à chair rouge frais ou surgelé, et pas plus d'une fois par mois pour les femmes enceintes et les jeunes enfants. Cette recommandation s'applique également au thon blanc en conserve, qui contiendrait un taux de mercure supérieur au niveau jugé sécuritaire par Santé Canada.

Consommez au moins 2 à 3 repas de poisson gras par semaine et osez découvrir les autres poissons mi-maigres ou maigres; misez sur la variété, c'est-à-dire consommez différentes espèces ou encore apprêtez du poisson parfois frais, parfois en conserve ou même du surgelé, produit fort pratique pour les repas à la dernière minute.

Partez à la découverte des différentes espèces[2] !

Achigan : Sa chair est maigre, blanche, floconneuse et très savoureuse. L'achigan de taille moyenne s'apprête comme la truite. Ce poisson de pêche sportive est rarement commercialisé. Il s'accommode de tous les modes de cuisson.

Aiglefin ou églefin : De façon générale, l'églefin ressemble à la morue, bien qu'il soit plus petit. La chair crue, blanche, blanchit encore davantage à la cuisson. Elle est ferme et résistante. Il est souvent vendu non dépouillé, de sorte que les acheteurs peuvent distinguer la marque noire (appelée « pouce du diable ») qui le différencie de la morue. Il se défait en feuillets plus fins que ceux de la morue et a un goût légèrement sucré. L'églefin fumé à froid, appelé « haddock » en France (le fameux « finnan haddie » des Écossais), est un des grands régals de la mer.

---

[1] www.dfo-mpo.gc.ca/aquaculture/ref/morin_aaq-fra.htm.
[2] www.metro.ca/conseil-expert/poissonnier/articles-poissonnier/aventure-decouvrons-poissons-exotiques.fr.html.

Bar :

Bar rayé : Que l'on surnomme aussi Bar d'Amérique ou Bar du Saint-Laurent vit dans les estuaires et milieux côtiers de l'est de l'Amérique du Nord. Ce poisson offre une chair blanche assez ferme presque dépourvue d'arêtes et à saveur douce et parfumée. On le retrouve habituellement en filet assez épais, ce qui en facilite la manipulation sur le gril.

Bar du chili : est sur la liste rouge de Green Peace. En 2001, l'ensemble des prises mondiales était évalué à 40 602 tonnes. C'est un poisson succulent à chair très blanche et floconneuse.

Bar commun : Est appelé loup sur le pourtour méditerranéen. Sa chair blanche et maigre est délicate et savoureuse. Elle est très recherchée car elle est ferme, résiste bien à la cuisson et contient peu d'arêtes. Il est généralement vendu entier, très rarement débité en tranches ou en filets. En ces derniers cas, il s'agit plus vraisemblablement d'un autre poisson, le poisson-loup qui est beaucoup moins goûteux. La réglementation (assez confuse) permet de commercialiser ce dernier en filet, sous la dénomination « filet de loup de mer » ou « filet de loup de l'Atlantique ». Certains professionnels entretiennent volontairement cette confusion très rentable.

Baudroie : Voir *Poissons exotiques à découvrir*.

Brochet : Parmi les espèces de brochets les plus communes, on retrouve le grand brochet, le brochet vermiculé, le brochet maillé et le maskinongé. Sa chair est blanche et floconneuse. Elle renferme de nombreuses petites arêtes et a un léger goût de vase. Pour l'éliminer, baignez-le dans de l'eau fraîche ou vinaigrée avant de l'apprêter. Tous les modes de cuisson lui conviennent.

Daurade ou dorade : Sa chair blanche et maigre est fine et savoureuse. Tous les modes de cuisson lui conviennent. Ses œufs sont également recherchés. On la trouve fraîche ou surgelée, en filets.

Doré : Voir Perche.

Espadon : Poisson très particulier avec sa mâchoire très longue qui ressemble à une épée. Sa chair est blanche, très ferme et striée. Elle est savoureuse et très recherchée. On le trouve frais en darnes, surgelé, fumé ou en conserve. Il est délicieux grillé, braisé ou cuit à la casserole après avoir été mariné ou non.

Esturgeon : Sa chair est savoureuse selon les espèces et contient peu d'arêtes. Sa population a dangereusement diminué puisqu'il est recherché pour ses œufs qui constituent le véritable caviar. L'élevage de certaines espèces a mis un certain frein à la dépopulation. Comme sa chair est plutôt ferme, on la compare souvent à de la viande et elle est apprêtée un peu de la même façon. On peut la mariner pour l'attendrir; elle est également délicieuse fumée ou salée.

Flétan : La darne de flétan est très goûteuse et excellente sur le gril. Les os, très gras, sont excellents pour les soupes ou les bouillons. La chair, blanche et en gros flocons, peut s'assécher sur le gril ou la poêle, ce que l'on peut prévenir en ne la cuisant pas trop, en la marinant, en la panant ou en l'encroûtant pendant la cuisson.

Goberge ou lieu noir : Voir Morue.

Lotte : Voir Baudroie, section *Poissons exotiques à découvrir*.

Makaire ou merlin bleu : Se trouve dans les eaux subtropicales et tropicales. Le makaire est un poisson à chair ferme, mi-grasse, d'une belle couleur rose foncé. Il se prête très bien à la confection de sashimis. C'est d'ailleurs pour cette raison qu'il est tant prisé par les Japonais. Il est surtout commercialisé sous forme de darne. Il est délicieux mariné et apprêté en papillote, en grillade, à la poêle ou sur le gril. Sa chair ferme en fait un poisson tout désigné pour les brochettes. C'est un poisson savoureux qui fond littéralement dans la bouche.

Maquereau : Un poisson disponible presque toute l'année, abondant et bon marché. Sa chair est fragile; il faut le consommer rapidement après l'achat. Il fait partie des poissons gras, comme le thon ou le saumon. Sa teneur en graisses varie toutefois de manière importante selon la période de l'année, passant de 120 à 180 kcal pour 100 g. Il est cuisiné principalement grillé, par exemple en barbecue, souvent accompagné de moutarde. Les Japonais consomment aussi sa chair crue, en sushis par exemple. En conserve, il est apprêté au vin blanc ou à la manière des sardines (à l'huile, à la tomate, etc.).

Maskinongé : Voir Brochet.

Merlin bleu : Voir Makaire.

Morue : Grand poisson des mers froides ou tempérées de l'hémisphère Nord, ce poisson est en fait commercialisé sous le nom de cabillaud quand il est frais, de morue quand il est salé et de merluche quand il est séché. Le cabillaud offre une chair à la fois fine et goûteuse et acquiert une texture de fermeté et garde tout son jus si vous prenez la précaution de l'enrober de sel et de le laisser rassir une journée au frais avant de le servir. On trouve également la morue charbonnière. C'est une espèce distinctive à la peau foncée et à la chair blanche perlée. Sa forte teneur en huile lui donne une texture douce et un goût riche et onctueux. Son goût et sa chair délicate qui s'effeuille facilement en font un poisson très recherché par les cuisiniers et consommateurs avertis.

Opah ou poisson-lune : Possède une chair parfumée et tendre.

Perche : Plusieurs pays en font l'élevage. Elle fait partie d'une famille de 9 genres et d'environ 120 espèces comprenant le doré et la perche canadienne ou perchaude. Elle contient beaucoup d'arêtes. Sa chair blanche, maigre et ferme a un goût délicat. Évitez de masquer la finesse de sa chair.

Plie : Voir sole.

Raie : Sa chair rosée ou blanchâtre est moelleuse, légèrement sucrée et dépourvue d'arêtes. Chez quelques espèces, elle ressemble à la chair de pétoncle. La cuire suffisamment, sinon elle est visqueuse. L'urée de la raie, tout comme chez le requin, se transforme en ammoniaque après sa mort. Elle est meilleure 1 ou 2 jours après avoir été pêchée. Pour améliorer sa saveur, trempez sa chair 2 h dans du lait, de l'eau vinaigrée ou citronnée.

Requin : Parmi les espèces les plus courantes, on retrouve le requin marteau commun, l'aiguillat commun, les émissoles, la grande roussette et le requin-Hâ. La chair de requin est dépourvue d'arêtes. Sa chair est ferme et sa saveur varie selon l'espèce. La chair de l'aiguillat est souvent considérée comme la plus savoureuse. Tous les modes de cuisson lui conviennent. Toutefois, l'urée qu'il contient se transforme en ammoniaque après sa mort. Ils sont donc meilleurs 1 jour ou 2 après avoir été pêchés. L'ammoniaque disparaît après la cuisson. Pour rehausser sa saveur, passer le poisson sous l'eau froide, tremper la chair 4 h dans du lait, de l'eau citronnée ou de l'eau vinaigrée avant la cuisson.

Saumon[1] : On retrouve sur le marché deux types de saumon : le saumon d'élevage et le sauvage. Au Canada, il n'est pas obligatoire d'indiquer sa provenance. Comment savoir si le saumon est sauvage ou d'élevage ?

Le saumon de l'Atlantique et certains saumons quinnat (ou king) du Pacifique sont des poissons d'élevage. Les autres saumons, incluant la plupart des saumons en conserve, sont sauvages.

Les saumons du Pacifique sont regroupés en 5 espèces sauvages, soit le saumon royal (chinook), réputé le meilleur. Ensuite, le saumon rose, le saumon rouge (sockeye), le saumon argenté (coho) et le keta seront souvent mis en conserve.

Sébaste : Sa chair est maigre, ferme, floconneuse et très savoureuse. On peut le servir cru, cuit, fumé ou froid. Il est vendu frais ou surgelé, entier ou en filets. On retrouve dans la même famille le grand sébaste, la rascasse rouge et la rascasse brune.

Sole : La sole ne vit pas dans les eaux canadiennes. Ce que nous pêchons au Québec et qui ressemble à la sole est en fait « la plie canadienne ». La véritable sole est importée principalement d'Europe. La plus recherchée est la sole commune dite « sole de Douvres » peu disponible en Amérique.

Truite : Elle possède une chair très fine et très recherchée. On retrouve plusieurs types de truites : la truite brune, la truite arc-en-ciel, la touladi (truite grise), l'omble de fontaine ou saumon de fontaine (truite mouchetée), l'ombre et l'omble chevalier. Les gastronomes placent la chair de l'omble chevalier en tête des poissons sauvages.

[1] Tiré d'un article créée pour le réseau canadien de la santé par Judy Sheeshka (Ontario), membre des diététistes du Canada, Septembre, 2004, mis à jour : 28-08-2007, consulté 2008.

Le touladi, mot d'origine amérindienne, est appelée également omble d'Amérique. C'est l'un des plus gros poissons d'eau douce.

Turbot : Il possède une chair maigre et est commercialisé en entier ou en filets. C'est un des poissons de mer les plus fins. Il est le plus souvent poché ou grillé.

DES POISSONS EXOTIQUES À DÉCOUVRIR[1]

Baudroie ou lotte de mer : La seule partie comestible est la queue qui offre une chair ferme, maigre et blanche à saveur délicieuse. Plusieurs comparent sa chair à celle du homard. Souvent apprêtée comme ce dernier, elle peut le remplacer dans la plupart des recettes. La sauce l'avantage car sa chair demande un peu plus de cuisson et a tendance à sécher. La lotte est dépourvue d'arêtes. On peut la cuire au four, pocher, poêler ou griller. À ne pas confondre avec la lotte de rivière, aussi écrit lotte au Canada, qui est un poisson de rivière et de lacs qui ressemble à une anguille et n'a pas du tout la même saveur.

Mahi-mahi : Poisson qui nage en eau très chaude près des côtes d'Hawaï. Il possède une chair de couleur blanche à rosée très ferme et savoureuse et qui se prête à toutes les cuissons. On compare sa saveur au requin. On l'accompagne souvent de fruits exotiques.

Thon : Possède une chair très fraîche et d'excellente qualité qui lui mérite souvent le titre de « steak de la mer ». Pour préserver toute sa saveur, préférez une cuisson à haute intensité et de courte durée. Il en existe plusieurs variétés. Le thon rouge possède une chair rouge et une saveur prononcée. Il est très utilisé dans les sushis. Le germon, qu'on appelle thon blanc, possède une chair plutôt blanche, très appréciée pour sa finesse ainsi que ses œufs. Le germon est nommé albacore en anglais, ce qui cause une certaine confusion car, en français, l'albacore est un thon à nageoires jaunes qui possède une chair pâle et très bonne au goût. Elle est surtout mise en conserve. La bonite à dos rayé est l'espèce la plus pêchée à travers le monde. Sa chair est rouge foncé, et les Japonais en font une grande consommation sous forme de flocons séchés.

Tilapia : Poisson d'eau douce originaire d'Afrique et aujourd'hui élevé en Amérique du Sud. On le retrouve rarement à l'état sauvage. Il possède une chair blanche au goût très délicat et délicieux. Tous les types de cuisson lui conviennent. Il peut remplacer facilement l'aiglefin, la morue ou la goberge dans les recettes.

Sushis : Se présentent de plusieurs façons. Bien qu'il en existe une grande variété, ils sont généralement constitués des mêmes ingrédients. Le terme « sushis » demeure un terme générique pour désigner l'ensemble.

Vivaneau : Poisson des caraïbes aux écailles d'un rouge vif. Sa chair maigre est blanche et a un goût très délicat. Il est très polyvalent dans les mets cuisinés.

ET LES ARÊTES DANS TOUT ÇA[1] !

Plusieurs darnes et filets de poisson ne contiennent pas d'arêtes, par exemple les darnes fraîches d'espadon, de requin et de thon frais ou décongelé, les filets de lotte, morue, perche du Nil, saumon, sole, plie, tilapia, truite, turbot, flétan.

ACHAT DU POISSON FRAIS

D'abord, une poissonnerie de qualité est indispensable.

CARACTÉRISTIQUES D'UN POISSON FRAIS
(la loi canadienne exige qu'un produit décongelé soit bien identifié) :

• La peau est luisante et nacrée.
• La chair est ferme, élastique et ne retient pas l'empreinte des doigts.
• Les ouïes sont rouge vif, et non asséchées.
• Les yeux sont brillants.
• Les écailles sont brillantes.
• L'odeur est douce.

[1] Tiré de www.metro.ca/conseil-expert/poissonnier/aventure-decouvrons-poissons-exotiques.fr.html.

CARACTÉRISTIQUES D'UN POISSON SURGELÉ DE QUALITÉ

• La chair est d'apparence fraîche et luisante et il n'y a pas de traces de dessèchement ni de brûlure de congélation.

ACHAT DU POISSON EN CONSERVE

La sardine, le saumon, le maquereau et le thon en conserve constituent de très bonnes sources de protéines et d'acides gras oméga-3 et sont aussi nutritifs que le poisson frais. De plus, la sardine et le saumon en conserve consommés avec les os vous fournissent une source intéressante de calcium.

Choisissez les poissons dans l'eau ou dans l'huile, selon vos préférences. La différence en termes de calories n'est pas catastrophique. Certains poissons sont conservés dans l'huile d'olive, ce qui constitue un meilleur choix. Les sardines conservées dans la sauce tomate ou la moutarde sont également intéressantes. Le saumon rose sauvage en conserve Oceans pacific et le saumon « sockeye » seraient les plus riches en oméga-3. Pour la cuisine de tous les jours, choisissez plutôt le thon pâle en conserve et allez-y avec plus de modération pour le thon blanc voir poisson ♡ 31 section *Recommandation de consommation*.

♡ 32 Produits céréaliers entiers

Un mot sur nos habitudes : Pour la plupart d'entre nous, ce n'est pas un réflexe naturel de cuisiner des crêpes ou des muffins avec un mélange de farine de blé, de sarrasin, flocons d'avoine, etc. Encore moins de se faire un pilaf de quinoa. Pourtant, ces céréales gagnent à être découvertes. Elles sont savoureuses et, du même coup, nous consommons des éléments nutritifs et obtenons une partie des 25 à 30 g de fibres qu'il est recommandé de consommer chaque jour. Je propose plusieurs variétés de céréales, la façon de les apprêter et leur mode de cuisson.

LES DIFFÉRENTES CÉRÉALES À DÉCOUVRIR

Amarante : Cette plante provient du Mexique et on peut l'utiliser comme une céréale en la réduisant en farine. Toutefois, comme la farine ne contient pas de gluten, elle ne lève pas à la cuisson. C'est pourquoi il faut la mélanger avec une farine de blé dans les préparations de pain et gâteaux levés. C'est une céréale de haute qualité nutritive. En plus d'être riche en protéines, elle constitue une excellente source de fer et de calcium.

Boulghour (bulghur) : Provient du blé et ressemble un peu aux grains de couscous, sauf qu'il est beaucoup plus riche en fibres et en minéraux. On l'utilise dans le taboulé.

Couscous : Le couscous provient du blé, et sa version précuite est assez pauvre en fibres. Une seule réhydratation suffit à sa cuisson. Il existe du couscous entier plus riche en fibres et très savoureux. Sa cuisson est également très rapide. Le couscous peut être ajouté à vos plats de salade ou servi en pilaf avec des légumes.

Épeautre : L'une des premières céréales connues par l'homme. Elle était cultivée en Égypte ancienne. Source élevée en magnésium, l'épeautre possède aussi une grande teneur en fer, en zinc, en phosphore et en vitamines A, B et E. Une céréale très riche en protéines qui possède une délicate saveur de noix. L'épeautre peut être utilisé dans les potages, les soupes, en salade froide, mélangé à d'autres légumes, etc. À noter que l'épeautre contient du gluten.

Kamut : Une ancienne variété de blé dur qui a été redécouverte depuis quelques années. Ses grains se cultivent seulement en agriculture biologique. Le kamut est supérieur au blé sur le plan nutritionnel. Il s'utilise pratiquement de la même façon que le blé, qu'il soit en flocons, en farine ou en grains. Il est toutefois plus friable. Pour de meilleurs résultats, mélangez-le avec de la farine de blé (contenant du gluten) dans les préparations de muffins, de gâteaux, etc.

Millet : Terme générique qui désigne plusieurs espèces de plantes souvent désignées sous le nom de Mil. Elles sont destinées à l'alimentation animale ou humaine. Le terme millet est surtout utilisé pour le millet perlé, ou petit mil, qui, à lui seul, constitue plus de 50 % de toute la production mondiale pour le millet commun et pour le millet des oiseaux. Les magasins d'aliments naturels offrent généralement le millet perlé décortiqué et parfois le millet perlé sous forme de farine ou de flocons.

Autres millets : Le sorgho, ou gros mil en Afrique, tire probablement son origine de l'Éthiopie. Il s'utilise en pilaf comme le riz et peut également être réduit en farine. Il représente une source très élevée de protéines. Le teff est originaire des hauts plateaux d'Éthiopie. Ses graines sont très petites et on peut les ajouter aux recettes de muffins, gâteaux, etc.

Orge : L'orge mondé est plus riche en fibres, en vitamines et minéraux que l'orge perlé. Il est riche en fibres solubles et, plus particulièrement, en vitamines du groupe B. Il constitue également une bonne source de fer.

Quinoa : Cette plante originaire de l'Amérique du Sud est cultivée pour ses graines depuis plus de 5 000 ans. Le quinoa est cultivé en Amérique du Nord depuis une vingtaine d'années. Sa valeur nutritive est largement supérieure à celle des autres céréales les plus populaires. Il est très riche en protéines et en manganèse et constitue une bonne source de fer et de cuivre en plus d'être dépourvu de gluten, ce qui le fait apprécier des gens atteints de la maladie cœliaque. Choisissez les céréales portant le logo de l'Association canadienne de la maladie cœliaque, qui affiche « sans gluten », car il est fréquent que les céréales soient contaminées par d'autres céréales qui en contiennent. Bien qu'il ne soit pas une céréale, on peut l'apprêter comme un riz ou un couscous; il cuit plus rapidement que le riz. (voir le tableau 13 pour les temps de cuisson). Les grains de quinoa sont recouverts de saponine, une petite pellicule au goût amer qui est retirée après la récolte. Il est tout de même conseillé de bien rincer les grains avant utilisation.

Sarrasin ou blé noir : Le grain de sarrasin décortiqué et rôti est nommé kasha. Il s'utilise alors comme du riz. Il faisait partie des aliments de base des premiers colons et sa farine se nommait « la farine du peuple ». On en faisait des galettes, composées uniquement d'eau très froide et de sel, ou encore des crêpes auxquelles on ajoutait des œufs et du lait. La farine de sarrasin est dépourvue de gluten et doit donc être accompagnée d'une farine de blé pour faire du pain ou d'autres aliments levés. Sur le plan nutritif, le sarrasin constitue une très bonne source de fibres solubles et renferme une belle teneur en antioxydants.

Choisissez les céréales affichant le logo « sans gluten » de l'Association canadienne de la maladie cœliaque, ce qui certifie que la céréale n'a pas été contaminée par une autre céréale contenant du gluten.

LE CHOIX D'UNE FARINE

Valeur nutritive : La farine « moulue sur meule de pierre » et la farine « intégrale » ont conservé le germe et le son. Ce sont les plus nutritives. La plupart des produits de boulangerie vendus en épicerie renferment de la farine à laquelle on a enlevé le germe pour des raisons de conservation. C'est le cas de la farine de blé entier ou de blé complet. Elles ont perdu jusqu'à 70 % du germe même si c'est là que se concentrent les principaux éléments nutritifs. La farine blanche, enrichie et de blé sont les moins nutritives.

Achat de la farine : Privilégiez des farines ou produits de boulangerie contenant de la « farine intégrale » ou « moulue sur meule de pierre » pour leur valeur nutritive supérieure.

Conservation : Les produits contenant des farines « intégrales » ou « moulues sur meule de pierre » sont plus sensibles à l'oxydation. Conservez-les au frais.

LES PÂTES

Pâtes de grains entiers : Elles ont une valeur nutritive supérieure aux pâtes raffinées, donc plus de fibres, de vitamines et de minéraux. Les supermarchés proposent principalement les pâtes de blé entier. Il existe également des pâtes faites d'autres céréales dans les magasins d'aliments naturels et en épicerie, dans les sections d'aliments santé ou bio.

Pâtes de riz : Un classique de la cuisine asiatique. Il existe les pâtes de riz blanc vendues en supermarché et les pâtes de riz brun que l'on trouve surtout en magasin d'aliments naturels. Ces dernières sont beaucoup plus intéressantes sur le plan nutritif. Elles représentent également un bon choix pour les gens intolérants au gluten, car le riz en est dépourvu.

Pâtes de sarrasin : Elles sont intéressantes pour leur saveur assez prononcée et douce à la fois. C'est également une belle façon de varier ses sources de produits céréaliers. De plus, le sarrasin est une source intéressante de vitamines et minéraux.

Pâtes de soja : Elles sont un peu plus riches en fibres que les pâtes régulières et renferment une teneur élevée en protéines.

Pâtes aux légumes : Elles sont généralement pauvres en fibres. Bien qu'elles soient loin de combler nos besoins en vitamines, en minéraux et en fibres, elles apportent tout de même couleur et variété à l'occasion.

LE RIZ

Riz complet ou riz brun : Le plus nutritif des riz puisqu'on ne lui a enlevé que son enveloppe qui n'est pas comestible.

Riz brun à cuisson rapide : Précuit, ce qui a éliminé quelques-uns de ses éléments nutritifs.

Riz blanc étuvé : C'est le plus nutritif après le riz brun. Le procédé de transformation à la chaleur permet aux nutriments de pénétrer dans le grain. Il est donc moins affecté. Le riz brun étuvé a conservé les fibres, ce qui n'est pas le cas du riz blanc étuvé.

Riz blanc enrichi : Le procédé de transformation lui enlève pratiquement toutes ses qualités nutritives. C'est pourquoi on l'enrichit ensuite de certaines vitamines, même s'il est pauvre en fibres.

Riz sauvage : Le riz sauvage ressemble au riz ordinaire même s'il n'appartient pas à la même famille. C'est une plante aquatique cultivée au Canada. Il a un goût prononcé et savoureux. Il est plus nutritif que le riz brun et particulièrement plus riche en magnésium.

Tableau 13
TABLEAU DE CUISSON ET UTILISATION DES DIVERSES CÉRÉALES
GUIDE DE CUISSON

Céréales Quantité 250 ml	Quantité d'eau		Temps de cuisson sans trempage ajouter les céréales seulement lorsque l'eau bouille	Temps de cuisson après trempage de 8 heures	Utilisation
	ml	tasses			
Amarante en grains	750	3	30 minutes env.		Consommer en céréale
Amarante en farine	--	--	--	--	Combiner à la farine de blé pour les muffins, biscuits, crêpes, gaufres...
Bulghur (boulgour)	500	2	25 à 30 minutes	5 minutes	En pilaf comme le riz, incorporé aux croquettes, légumineuses, ragoûts...
Couscous entier	375	1 ½	10 minutes dans l'eau bouillante	--	Voir bulghur
Couscous précuit	375	1 ½	5 minutes dans l'eau bouillante	--	
Épeautre en grains	750	3	2½ heures		Ajouter aux soupes, potages, tourtes, en pilaf...
Épeautre en flocons ou farine	--	--	--	--	Mélanger à d'autres farines dans les muffins, crêpes, biscuits, gâteaux, barres tendres...
Kamut	750	3	2½ heures	2½ heures	Voir bulghur.
Millet en grains	625	2 ½	20 à 30 minutes	15 minutes	En pilaf comme le riz, en croquettes, ajouté aux légumineuses
Millet en farine ou flocons	--	--	--	--	Mélanger à d'autres farines dans les muffins, biscuits, barres tendres...
Orge mondé	750 à 900	3 à 3 ¾	1 ½ - 2 heures	45 à 60 minutes	En pilaf comme le riz, dans les soupes, les pâtés, ragoûts... Peut se congeler cuit, pour être ajouté aux soupes en fin de cuisson.
Orge perlé	500	2	45 minutes	*	Voir Orge mondé.
Quinoa en grains (rincer jusqu'à ce que l'eau ne mousse plus)	500	2	15 à 20 minutes	*	En pilaf, mélangé aux salades, soupes et casseroles...
Quinoa en farine et flocons	--	--	--	--	Mélanger à d'autres farines ou flocons dans les muffins, barres tendres, biscuits...
Riz brun	500	2	40 à 45 minutes	*	En accompagnement ou en plat principal; ajouter aux soupes ou salades
Riz sauvage	750	3	45 à 60 minutes	*	Voir Riz brun
Sarrasin blanc ou grillé (kasha) en grains	500	2	20 à 30 minutes	*	Incorporer aux croquettes, soupes, pâtés, ragoûts...
Sarrasin en farine et flocons	--	--	--	--	Mélanger à d'autres farines dans les muffins, biscuits, barres tendres, crêpes...
Teff en farine	--	--	--	--	Mélanger à d'autres farines pour les muffins, biscuits, barres tendres...

* Trempage non nécessaire; -- Ne s'applique pas

🍎 33 Protéines

Les gens consomment généralement suffisamment de protéines dans la journée, mais la répartition est souvent inadéquate. Par exemple, il manque souvent des protéines au petit-déjeuner ou au repas du midi, ce qui peut entre autres, expliquer les baisses d'énergie ou de concentration quelques heures après un repas.

DES PROTÉINES EN QUANTITÉ SUFFISANTE À CHAQUE REPAS

- pour une meilleure énergie;
- pour une absorption graduelle du glucose (sucre) dans le sang;
- pour une satiété prolongée et pour éviter les rages de faim.

Vous avez besoin d'environ 15 grammes de protéines au petit-déjeuner.

Tableau 14
PROTÉINES AU PETIT-DÉJEUNER

Sources de protéines**	Portion proposée	Teneur en protéines (approximative) grammes	Modèles de petit-déjeuner santé avec calcul des protéines Autour de 15 grammes
Fromage cottage, 1 % ou 2 %	125 ml/½ tasse	15	**1.** Produits céréaliers : bol de céréale Protéines : 250 ml/ 1 tasse de lait (dans les céréales) = 10 g 15 ml/1 c. à soupe de graines lin moulues = 3 g protéines totales = 13 g Fruits : bleuets dans les céréales
Lait écrémé, 1 % ou 2 % m.g.	250 ml/1 tasse	10	
Yogourt 0 % à 2 % m.g.	175 g/⅔ tasse	10	
Fromage faible en gras < 20 % m.g. ferme (cheddar, mozzarella) pâte molle (brie, camembert)	50 g ou 2 doigts	10	
Boisson de soja enrichie en calcium, vitamine D	250 ml/1 tasse	6 à 10	**2.** Produits céréaliers : 2 rôties Protéines : 1 verre de lait = 10 g + 15 ml/1 c. soupe de beurre d'arachide = 4 g Protéines totales = 14 g Fruits : banane sur les rôties
Yogourt	1 petit contenant	5	
Fromage à tartiner La vache qui rit léger	2 pointes	5	
Œufs	1	5	
Blancs d'œufs	2 blancs ou 60 ml/¼ tasse	5	**3.** Produits céréaliers : 2 rôties Protéines : 2 œufs = 10 g fromage cottage 2 % (60 ml/ ¼ tasse) = 8 g Protéines totales = 18 g Fruits : orange
Beurre d'arachide naturel* ou d'amande	15 ml/1 c. à soupe	4	
Graines de chanvre	15 ml/1 c. à soupe	5	
Graines de lin moulues	15 ml/1 c. à soupe	3	
Cretons maigres de veau ou volaille*	15 ml/1 c. à soupe	2	

* Les aliments suivis d'un astérisque doivent être consommés avec modération pour les gens qui souhaiteraient perdre du poids.

** Bien que les produits céréaliers renferment une certaine quantité de protéines, nous ne les considèrerons pas ici pour faciliter le calcul. De toute façon, la différence n'est pas énorme. Les fruits, quant à eux, ne contiennent pas de protéines. Aussi, la teneur en protéines des aliments a été arrondie pour la même raison.

Vous avez besoin d'environ 15 g de protéines au repas du midi
et d'environ 15 g au repas du soir.

Tableau 14[1]
PROTÉINES AU REPAS DU MIDI OU DU SOIR

Sources de protéines	Portion recommandée	Modèles de repas du midi ou du soir avec la portion de protéines recommandée
Poisson cuit : saumon, thon, aiglefin, maquereau... **Fruits de mer** cuits : pétoncles, homard, palourdes, crevettes... **Volaille** cuite : poulet, dinde **Viande** cuite : bœuf, veau, porc, agneau...	90 à 120 g/3 à 6 oz	1. Produits céréaliers : quinoa ou riz brun ou sauvage Protéines : filet de saumon Légumes : 2 variétés de légumes cuits vapeur Dessert facultatif : yogourt ou fruit ou muffin...
Légumineuses	250 ml/1 tasse	
Tofu soyeux Tofu ferme	½ boîte 350 g/12 oz ¼ à ⅓ de brique de 454 g/1 lb	2. Produits céréaliers : pâtes de grains entiers Protéines : ¼ à ⅓ de brique de tofu râpé Légumes : sauce tomate sur les pâtes + salade en accompagnement
Dérivés du soja CONSERVES Sardines ou maquereau Saumon dans l'eau Thon dans l'eau Thon aromatisé Palourdes	Voir tableau 16 🍎 39 *Soja* 1 boîte (124 g/4 oz) env. ½ boîte de format moyen 213 g/7½ oz ½ boîte de format moyen 170 g/6 oz 1 boîte de petit format 85 g/3 oz 125 ml/½ tasse	3. Produits céréaliers : biscottes de grains entiers Protéines : thon ½ boîte (avec la salade) Légumes : salade de thon et légumes 4. Produits céréaliers : 2 tranches de pain de grains entiers pour le sandwich Protéines : thon ou 2 œufs ou 90 g/3 oz de viandes froides maigres Légumes : tomates et concombres tranchés
Œufs en omelette, sandwich ou salade	2 œufs entiers ou liquides	

[1] Tableau inspiré d'un document sur les protéines de la clinique de nutrition Louise Lambert-Lagacé et ass.

 34 Quinoa

Voir Produits céréaliers.

 35 Riz

Voir Produits céréaliers.

 36 Salade

Découvrez et misez sur la variété !

Plus elles sont vert foncé, plus elles sont riches en vitamines et minéraux.

Seule ou mélangée : goût léger et délicat

Épinards

Feuilles de chêne

Laitue boston

Laitue frisée verte ou rouge (batavia)

Laitue pommée (Iceberg)

Laitue romaine

Excellente mélangée : goût léger à légèrement amer

Bette à carde	les jeunes feuilles fraîches
Chicorée frisée	légèrement amère
Endive	légèrement amère
Mâche	petit goût de noisette
Pak-choi (ou Bok Choy)	saveur douce
Radicchio	léger goût amer

Excellent mélangé : goût beaucoup plus prononcé

Capucine	fleurs et jeunes feuilles
Chou cavalier	petit goût piquant
Chou-rave	peler
Cresson	goût légèrement poivré
Fenouil	on l'utilise comme le céleri; petit goût d'anis
Feuille de chou de Pékin (pé-tsai)	délicieux en salade
Feuille de pourpier	les feuilles sont plus tendres près du sommet
Gai lon	nommé aussi brocoli chinois
Kale (chou frisé)	goût prononcé; utiliser en petite quantité
Oseille	léger goût acidulé
Pissenlit	saveur amère à servir avec vinaigrette au goût prononcé
Roquette	forte saveur poivrée; utiliser en petite quantité
Scarole	goût prononcé

Saumon

Voir Poisson.

37 Sel de table

Composition du sel de table : 5 ml/1 c. à thé de sel de table contient 2 400 mg de sodium. Le sodium associé au chlore devient du sel de table ou chlorure de sodium. Le sodium fait augmenter la tension artérielle chez certaines personnes. En effet, une alimentation trop riche en sodium peut augmenter la pression artérielle même chez les gens qui ne souffrent pas d'hypertension. Plusieurs chercheurs, dont l'American Heart Association (AHA), recommandent un apport maximum en sodium de 2 300 mg par jour.

La diète DASH conçue pour traiter l'hypertension est l'approche que préconisent les institutions officielles comme l'American Heart Association. Elle a de très bons effets dans le traitement de la maladie et consiste à mettre l'accent sur les fruits et légumes, les produits laitiers écrémés, les produits céréaliers à grains entiers, les légumineuses et les noix, quelques portions de viande maigre et suggère la réduction des matières grasses, des viandes rouges et des sucreries.

Assaisonnements à teneur élevée en sodium : sel marin, fleur de sel, herbamare, sel de l'Himalaya, sel de céleri, sel d'ail, sel d'oignon, sel d'assaisonnement, glutamate monosodique (accent), attendrisseur de viande.

Rehaussez la saveur de vos plats avec des herbes, des épices, de l'ail, des échalotes, de la fleur d'ail, des tomates séchées, du gingembre, du zeste et des jus d'agrumes ou des substituts de sel (No salt) ou les mélanges d'épices sans sel (McCormick, Mrs Dash) et les différents poivres*. Voir 13 pour les épices et fines herbes.

> ### Tableau 15
> **PRINCIPALES SOURCES D'ALIMENTS
> À HAUTE TENEUR EN SODIUM**
>
> viandes et poissons fumés ou séchés
> charcuteries
> condiments
> marinades
> aliments en conserve
> aliments prêts-à-manger frais ou surgelés
> sauces et soupes en sachet ou en conserve
> jus de tomate ou de légumes
> craquelins
> grignotines

Il existe 3 types de poivre provenant du Poivrier : le vert, le noir et le blanc.

Le poivre vert est récolté avant maturité. On l'utilise pour le fameux « steak au poivre vert » et il aromatise agréablement les volailles et les sauces exotiques.

Le poivre noir est récolté également avant maturité et est ensuite séché au soleil. Son enveloppe durcie lui donne le goût piquant particulier qu'on lui connaît. Il existe une grande variété de poivres qui portent le nom de l'endroit de leur culture. Le poivre noir se marie bien avec la plupart des autres épices. Poivrez vos plats au dernier moment, car le poivre supporte mal la chaleur et perdra ainsi une partie de ses arômes.

Le poivre blanc est cueilli à maturité. Les grains sont libérés de leur écorce puis séchés jusqu'à ce qu'ils blanchissent. Son goût est plus délicat que le poivre noir. Il est utilisé dans les sauces blanches.

Le poivre rouge provient également du poivrier, mais est dispendieux et difficile à se procurer. Son fruit arrive à pleine maturité en 9 mois. Il a un goût piquant et prononcé. Il serait plus raffiné que le poivre noir.

Le poivre rose est un faux poivre. Il provient d'un arbre apparenté au pistachier. Il a une saveur délicate, un peu sucrée et piquante. Il est excellent en salade, aromatise agréablement le poisson, fromages et plats de légumes en accompagnement. Il se détériore rapidement; en acheter de petites quantités à la fois.

Moins de sel dans l'assiette !

Portez attention aux aliments préparés du commerce qui contiennent souvent beaucoup de sel.

FAIRE DE BONS CHOIX CHEZ L'ÉPICIER

Choisissez les produits dont l'emballage indique « avec moins de sel », « sans sel ajouté » ou « à faible teneur en sodium », « sans sel ou sans sodium », « sans sel ajouté ou non salé ».

Vérifiez les étiquettes nutritionnelles et choisissez des aliments qui renferment moins de 300 mg de sodium par portion ou moins de 750 mg pour les repas prêts à manger. Pour les gens hypertendus ou à risque de maladies cardiovasculaires, une plus grande restriction est nécessaire. Ainsi, préférez les aliments contenant moins de 140 mg de sodium par portion ou moins de 500 mg pour les repas prêts à manger.

38 Sirop d'érable[1]

En 2008, les produits de l'érable du Québec étaient vendus dans 48 pays du monde. Le sirop du Québec fait l'objet d'une vérification de qualité reconnue par la certification officielle « Siropro » de la Fédération des producteurs acéricoles du Québec. Elle garantit son authenticité, le respect des normes de classification (saveur et couleur), en plus d'une reconnaissance de la qualité. Le sirop d'érable est légèrement moins calorique que les autres agents sucrants. Il contient quelques minéraux essentiels dont le manganèse, le zinc, le magnésium, le calcium, le fer et le potassium. Il reste tout de même dans la catégorie des sucreries.

[1] Fédération des producteurs acéricoles du Québec : http://siropderable.ca/Classification.aspx.

☺ 39 Soja et produits dérivés

Valeur nutritive : La fève de soja est le fruit d'une plante originaire d'Asie. Elle fait partie de la famille des légumineuses tout comme les lentilles, les pois chiches, les fèves rouges, etc. Le soja fut l'un des premiers aliments cultivé par l'homme. Sa valeur protéique est supérieure à celle des autres légumineuses. Ainsi, 125 ml/½ tasse de fèves de soja cuites comblent votre besoin en protéines et équivaut à 100 g/3,5 oz de viande, volaille ou poisson. Le soja est exempt de gras saturés et contient uniquement des bons gras, soit les gras monoinsaturés et polyinsaturés dont les oméga-3 font partie. Il constitue une excellente source de fer, de magnésium et de calcium.

LES DÉRIVÉS DU SOJA ET LEUR TENEUR EN PROTÉINES

Choisissez la quantité qui vous permettra d'obtenir autour de 15 g de protéines par repas et autour de 5 g pour une collation.

Tableau 16
PROTÉINES DE SOJA

Sources de protéines	Portion	Teneur en protéines (g)
Tempeh	100 g	18,5
Tofu régulier ferme	100 g	15,8
Fèves de soja cuites (edamame)	125 ml/½ tasse (50 g)	15,1
Similiviande (burger)	70 g (1 boulette)	12,5
Fèves de soja rôties	30 g (60 ml)	10,6
Tofu régulier semi-ferme	180 g	15
Tofu soyeux extra-ferme	180 g	15
Tofu soyeux ferme	200 g	14
Tofu régulier mou	200 g	13
Tofu soyeux mou	200 g	10
Simili-viande (saucisse)	50 g (2 saucisses)	9
Simili-fromage	20 g (1 tranche)	3,7
Boisson de soja	250 ml/1 tasse	7,0
Tofu dessert Pouding	100 g	3,6
Tofu dessert Mousse	100 g	2,8

Source : OPDQ, *Manuel de nutrition clinique en ligne*, op. cit..

DERNIÈRES RECHERCHES !

L'American Heart Association (AHA) a qualifié de bénéfique pour la santé du cœur et pour la santé en général la consommation de soja et de ses produits dérivés, pour leur haute teneur en gras polyinsaturés, en fibres et en vitamines ainsi que pour leur faible teneur en gras saturés. De plus, les mets à base de soja sont très bénéfiques pour la santé cardiovasculaire puisqu'ils remplacent les repas de viandes rouges et, du même coup, font diminuer les gras saturés.

Soja et cancer du sein : voir Aliments anticancer ♥ 2.

♥ 40 Thé vert

Voir Aliments anticancer, antioxydants.

♥ 41 Thon

Voir Poisson.

♥ 42 Tofu

Description : Le tofu est fabriqué à partir de la fève de soja. Il a un goût assez neutre; il suffit d'un peu de créativité pour en faire un plat des plus succulents.

Valeur nutritive : Voir *Soja*. Si vous consommez 100 g/3,5 oz de tofu fabriqué avec du sulfate de calcium, vous obtiendrez presque autant de calcium que si vous consommiez 1 verre de lait (250 ml/1 tasse).

Portion recommandée : Voir *Protéine.* ♥ 33

Achat et utilisation : Il en existe deux types : D'abord, on trouve le tofu ferme ou extra-ferme, qui peut être utilisé dans les sautés, sur vos pâtes arrosées d'une sauce tomate, sur une pizza maison, etc. Il est plus riche en protéines et en minéraux. On peut le trancher en languettes ou en cubes, le râper, le mariner dans la sauce tamari légère et le gingembre et le rôtir à la casserole ou l'incorporer aux sauces. Ensuite, on peut utiliser le tofu japonais soyeux de texture extra-ferme, ferme ou mou, de consistance plus crémeuse qui peut aussi être utilisé comme le tofu ferme. Il se prête également aux desserts, aux vinaigrettes crémeuses, aux potages ou aux trempettes. On peut aussi le substituer à du yogourt ou du fromage frais dans certaines recettes. Il existe du tofu soyeux scellé sous vide qui est très utile, car on peut toujours en avoir sous la main au garde-manger. Sinon, vous trouverez le tofu soyeux dans la section réfrigérée chez l'épicier.

♥ 43 Tomates séchées

Achat : Achetez-les déjà marinées ou déshydratées. Placez la quantité de tomates déshydratées désirées dans de l'eau bouillante pendant 5 minutes. Égouttez et placez dans un bocal avec un peu d'huile d'olive et des herbes au choix. Elles sont alors prêtes à intégrer à vos plats afin d'y ajouter une touche de saveur.

Conservation : Les tomages déshydratées se conservent au garde-manger. Les tomates marinées ou réhydratées se conservent au réfrigérateur.

Utilisation : Ajoutez-les à vos salades, pâtes, bruschetta, pizza...

✪ 44 Vinaigre de vin

Les épiceries fines offrent différents vinaigres, par exemple de bleuets, de framboises, etc., qui apportent également beaucoup de saveur à vos vinaigrettes.

✪ 45 Vinaigrette

Faire sa vinaigrette maison

Meilleur choix d'huile pour la vinaigrette maison : olive, canola, noix (voir ✪ 25). Utilisez du jus de citron, un vinaigre balsamique ou toute autre variété de vinaigre (de framboises, de bleuets, de vin...)

Pour une version plus crémeuse, étirez la vinaigrette avec du yogourt, de la crème sure ou du fromage cottage à 1 %.

Diluez la vinaigrette avec de l'eau ou du bouillon de poulet.

Ajoutez de la saveur avec de la moutarde de Dijon, de l'ail, des échalotes, de la ciboulette, des fines herbes, etc.

TENEUR CALORIQUE DE VOS VINAIGRETTES MAISON (POUR 15 ML/1 C. À SOUPE) :	
Base de vinaigrette maison	Teneur en calories
2 parties d'huile pour 1 partie de vinaigre	80 kcal
1 partie d'huile pour 1 partie de vinaigre	65 kcal
1 partie d'huile pour 2 parties de vinaigre	45 kcal

CHOISIR UNE VINAIGRETTE COMMERCIALE

Vérifiez la liste des ingrédients et préférez une vinaigrette contenant une huile monoinsaturée. L'huile monoinsaturée la plus utilisée par l'industrie est l'huile de canola. De plus, elle possède un bon rapport oméga-6/oméga-3 (voir ✪ 25). Si vous en trouvez à base d'huile d'olive, elle sera encore plus savoureuse.

46 Yogourt

Probiotique : Votre flore intestinale peut contenir 400 espèces de bonnes bactéries. Différents facteurs peuvent les perturber comme l'âge, les antibiotiques ou un changement d'alimentation. Ces bonnes bactéries jouent un rôle dans la digestion des fibres et sont également impliquées dans votre système immunitaire. L'industrie alimentaire intègre de plus en plus à ses produits ce qu'on appelle des probiotiques, de bonnes bactéries ou levures qui appuient les bonnes bactéries intestinales. Les produits laitiers fermentés permettent aux probiotiques de traverser tout le tractus digestif. Par contre, seules quelques souches réussissent à faire le voyage en entier en assez grand nombre, c'est-à-dire à résister à l'acidité de l'estomac puis aller bon train jusqu'à l'intestin : ce sont les *Lactobacillus acidophilus*, les *Lactobacillus casei* et les *Bifidobactéries*[1]. Assurez-vous que l'une de ces souches est ajoutée dans le produit que vous désirez acheter.

Fabrication du yogourt : Le yogourt est fabriqué de souches bactériennes *Lactobacillus bulgaricus* et *Streptococcus thermophilus*. Ces deux souches sont essentielles pour obtenir l'appellation « yogourt ».

Valeur nutritive : Le yogourt constitue une excellente source de calcium, de protéines, de phosphore, de potassium et de vitamines A et B. Il contient généralement très peu de vitamine D, soit 2 % de la valeur quotidienne comparativement à 45 % pour le lait, ce dernier étant additionné de vitamine D.

47 Zucchini

Nom italien de la courgette.

[1] Tiré de www.extenso.org/pleins_feux/detail.php/f/1242/p/2 Article : Denis Roy, Ph. D. Titulaire d'une chaire de recherche du Canada sur la biofonctionnalité des probiotiques et des aliments laitiers fermentés.

Tableau 17

Les conversions

Tableau 17
MESURES SOLIDES

Système américain	Système métrique	Autres appellations
1 oz	30 g	
¼ lb	115 g	4 oz
½ lb	225 g	8 oz
2/3 lb	310 g	
3/4 lb	340 g	12 oz
1 livre	454 g	16 oz
2,2 lb	1 kg	36 oz

Abréviations
oz = once / lb = livres / kg = kilogramme
g = grammes / 1 kilogramme = 1000 grammes

Tableau 17 (suite)
CHALEUR DU FOUR

Système américain	Système métrique
150 °F	70 °C
200 °F	100 °C
250 °F	120 °C
300 °F	150 °C
350 °F	180 °C
375 °F	190 °C
400 °F	200 °C
425 °F	220 °C
450 °F	230 °C
500 °F	260 °C
Broil	Gril

Abréviations °C = degrés Celsius / °F = degrés Farenheit Important : La chaleur du four n'est pas uniforme d'un appareil à l'autre. La hauteur de la grille du four peut aussi modifier la rapidité de cuisson. Testez votre four et ajustez, si besoin est, la température, selon les premiers résultats obtenus.

Tableau 17 (suite)
MESURES LIQUIDES

Système américain	Système métrique	Autres appellations
1/8 c. à thé	½ ml	
¼ c. à thé	1 ml	
½ c. à thé	2 ml	
1 c. à thé	5 ml	
½ c. à soupe	8 ml	
1 c. à soupe	15 ml	
2 c. à soupe	30 ml	1 oz
¼ tasse ou 4 c. à soupe	60 ml	2 oz
1/3 tasse	80 ml	
½ tasse	125 ml	4 oz
2/3 tasse	160 ml	
3/4 tasse	180 ml	
1 tasse	250 ml	8 oz
1 ½ tasse	375 ml	12 oz
2 tasses	500 ml	16 oz
1 litre ou 1000 ml	4 tasses	32 oz
1,25 litre ou 1250 ml	5 tasses	40 oz ou 1 pinte

Abréviations
once = oz, millilitre = ml

Tableau 17 (suite)
MESURES EXPRESS

Farine tout usage

1 tasse = 100 grammes	
1 cuillère à soupe = 8 grammes	

Sucre

1 tasse = 200 grammes	
1 cuillère à soupe = 15 grammes	

Sucre à glacer

1 tasse = 100 grammes	
1 cuillère à soupe = 8 grammes	

Cassonade

1 tasse = 200 grammes	
1 cuillère à soupe = 15 grammes	

Beurre, margarine

1 tasse = 200 grammes	
1 cuillère à soupe = 15 grammes	

Chapelure

1 tasse = 50 grammes	
1 cuillère à soupe = 4 grammes	

Riz

1 tasse = 210 grammes	
1 cuillère à soupe = 16 grammes	

MESURE DE L'ÉNERGIE
1 kilocalorie = 4,18 kilojoule

Tableau 17 (suite)

TERMES CANADIENS / AMÉRICAINS	TERMES FRANÇAIS
Sucre granulé ou à fruits	Sucre en poudre ou sucre semoule
Sucre à glacer, sucre en poudre	Sucre glace
Ciboule ou ciboulette	Cive, cébette
Échalote	Petit oignons frais
Échalote sèche, échalote française	Échalote
Levure de boulanger	Levure fraîche
Levure sèche	Levure lyophilisée
Poudre à pâte	Levure chimique
Soda à pâte	Bicarbonate de soude
Farine tout usage	Farine type 55
Farine à pâtisserie	Farine type 45
Crème sure	Crème aigre
Crème 15%	Crème fleurette ou liquide
Crème à fouetter, crème 35%	Crème fraîche
2 c. à thé de sucre + 1 c. à thé de vanille	1 sachet de sucre vanillé

Bibliographie

Ouvrages consultés

American Institute for Cancer Research, *Food nutrition and the prevention of cancer: a global perspective*, Washington, Banta Book Group, 1997.

Beliveau, R., Gingras, D., *Cuisiner avec les aliments contre le cancer*, Montréal, Éditions Trécarré, 2006.

Beliveau, R., Gingras, D., *Les aliments contre le cancer*, Montréal, Éditions Trécarré, 2005, p. 79-183.

Brault Dubuc, M., Caron Lahaie, L., *Valeur nutritive des aliments*, Société Brault, Lahaie, 1998.

Guthrie, H. A., Picciano, M. F., *Human Nutrition*, Toronto, McGraw Hill, 1995.

L'Encyclopédie visuelle des aliments, Montréal, Édition Québec/Amérique, 1996.

Lambert-Lagacé, L., Laflamme, M., *Bons gras, Mauvais gras*, Montréal, Éditions de l'Homme, 1993.

Nutrition humaine II, NTR-13336, Université Laval, hiver 2000.

Teubner, G., *L'alimentation méditerranéenne et crétoise*, Montréal, Éditions Quebecor, 2003

Quelques bonnes références culinaires

Laberge Samson T., *Manger de bon cœur*, Laval, Éditions Guy St-Jean, 2009.

Lambert-Lagacé, L. et Desaulniers, L., *Le Végétarisme à temps partiel*, Montréal, Éditions de l'Homme, 2001.

Lambert-Lagacé, L. et Desaulniers, L., *Les menus midi*, Montréal, Éditions de l'Homme, 2005.

Les diététistes du Canada, *Nos meilleures recettes*, Montréal, Éditions Trécarré, 2002.

Lucas, M., Baribeau, H. et Lepage, M., *Santé la Gaspésie*, Québec, Éditions Maryse Lepage, Québec, 2003.

Articles de revues consultés

«A DASHing Pyramid, Nutrition Action», *Health Letter*, vol. 32, no 6, juillet-août 2005.

« L'alimentation et la prévention du cancer : Position officielle de l'Association canadienne des diététistes (révisée) », *J Can Diet Assoc*, vol. 52, no 2, 1991, p. 81.

Alper, C. M. et Mattes, R. D., «Peanut consumption improves indices of cardiovascular disease risk in healthy adults», *Journal of the American College of Nutrition*, vol. 22, no 2, 2003, p. 133-141.

Azadbakht, L. *et al.*, «Soy inclusion in the diet improves features of the metabolic Syndrome», *Am J Clin Nutr*, vol. 85, 2007, p. 735-741.

Jiang, R., Mansion, J. E., Stampfer, M. J., Liu, S., Willett, W. C. Hu, F. B., «Nut and peanut butter consumption and risk of type 2 diabetes in women», *Journal of American Medical Association*, no 288, 2002, p. 2554-2560.

Lee K. W., Kim Y. J., Lee H. J., Lee C. Y., «Cocoa has more phenolic phytochemicals and a higher antioxidants capacity than teas and red wine», *Journal of Agricultural and Food Chemistry*, vol. 51, no 25, 2003, p. 7292-7295.

Lichtenstein, A. H. *et al.*, «Diet and lifestyle recommendations Revision 2006, a Scientific Statement from the American Heart Association Nutrition Committee», *Circulation online 2006*, no 114, p. 82-96.

Mc Pherson J. *et al.*, «Canadian Cardiovascular Society position statement», *Canadian Journal of Cardiology*, vol. 22, no 11, septembre 2006.

Point I.N.N., Institut national de la nutrition, vol. 9, no 1, hiver 1994.

Sacks, F. *et al.*, «Soy protein, Isoflavones, and Cardiovascular Health», *Circulation online*, 17 janvier 2006.

Sanders, T. H., «Non-detectable Levels of Trans-fatty Acids in Peanut Butter», *Journal of Agricultural and Food Chemistry*, vol. 49, no 5, 2002, p. 2349-2351.

Wansink, B., «Meal size, not body size, explains errors in estimating the calorie content of meals», *Bmj*, vol. 331, décembre 2005, p. 24-31.

Wierzbic, A. S., «A Fishy Business: Omega-3 Fatty Acids And Cardiovascular Disease», *International Journal of Clinical Practice*, 11 mai 2008, www.medscape.com.

Articles (par sujets) consultés dans Internet

«Diet, nutrition, and cancer – don't trust any single study», American Association for cancer Research, 2009, www.medscape.com

Alimentation végétarienne, Position officielle de l'Association Américaine de Diététique sur l'alimentation végétarienne, www.eatright.org/

American Association for cancer Research 100th BMJ 2006;0(2006): bmj.38755.366331.2Fv1 (24 March), doi:10.1136/bmj.38755.366331.2F

Aquaculture, www.dfo-mpo.gc.ca/aquaculture/ref/morin_aaq-fra.htm

Asie, www.saveursdumonde.net/ency_9//asie/inde.htm

Botulisme, www.hc-sc.gc.ca/hl-vs/iyh-vsv/diseases-maladies/botu-fra.php

Cancer du sein, « La nutrition et le cancer du sein, Société canadienne du cancer : ce que vous devez savoir » www.cancer.ca, révisée en 2007.

Consommation, Thermoguide, www.mapaq.gouv.qc.ca/Fr/Consommation/md/Publications/thermoguide.htm.

Cuisine indienne, www.aufeminin.com/m/cuisine/recette-de-cuisine-indienne.html

Cuisine indienne, www.pondichery.com/french/cuisine_indienne/cuisine_indienne.htm

Fruits de mers, saumons, Site du ministère de l'agriculture et de l'agroalimentaire Canada, http://atn-riae.agr.ca/seafood/farmed_salmon-f.htm

Généralité, L'épicerie, www.radio-canada.ca/actualite/v2/lepicerie/niveau2_13205.shtml

Généralité, www.bchealthguide.org/healthfiles/bilingua/hfile68d-F.pdf

Généralité, www.extenso.org/pleins_feux/detail.php/f/1396

Généralité, www.extenso.org/pleins_feux/detail.php/f/1503/p/5

Généralité, www.radio-canada.ca/actualité/lepicerie/docArchives/2003/09/18/enquete.shtml

Gras, International Society for the Study of Fatty Acids and Lipids (ISSFAL), adequates intake on of polyunsaturates, avril 1999, www.issfal.org.uk/adequate-intakes.html

Légumineuse, www.diabete.qc.ca/html/alimentation/bien_alimenter/html/legumineuse.html

Omega-3, Narayanan, Kandasamy, Franklin Joseph, Niru Goenka, «The Role of Omega-3 Fatty Acids in Cardiovascular Disease, Hypertriglyceridaemia and Diabetes Mellitus», *The British Journal of Diabetes and Vascular Disease*, 25 juillet 2008, www. medscape.com

Outils de cuisine, www.extenso.org/guides_outils/elements_detail.php/f/1199/o/2

Poissons exotiques, www.metro.ca/conseil-expert/poissonnier/articles-poissonnier/aventure-decouvrons-poissons-exotiques.fr.html

Poissons, des lacs, http://fr.wikipedia.org/wiki/Liste_des_poissons_des_lacs_et_rivi%C3%A8res_utilis%C3%A9s_en_cuisine

Poivres, www.academiedespoivres.com/edito/edito.htm

Santé, National cancer Institute, Striking a Healthy Energy Balance, www.cancer.gov/newscenter/benchmarks

Saumon, « Les saumons et truites arc-en-ciel d'élevage aussi bons pour la santé que leurs congénères sauvages », www.scom.ulaval.ca/Communiques.de.presse/2005/mars/Saumonsdelevage.html

Sodium, Extenso, Centre de référence sur la nutrition humaine, www.extenso.org/Le sodium.

Thé et prévention du cancer, National cancer institute, Tea and Cancer Prevention, www.cancer.gov/newscenter/pressreleases/tea

Vin rouge et prévention du cancer, National cancer institute, Red Wine and Cancer Prevention, www.cancer.gov/newscenter/pressreleases/redwine

Sites Internet généraux

Institut de l'anémie, www.institutdelanémie.ca

L'épicerie, www.radio-canada.ca/actualite/lepicerie/docArchives/

Ligue Nationale Contre le cancer. Alimentation et cancer, www.ligue-cancer.asso.fr

Manuel de nutrition clinique de l'opdq, www.opdq.org/

Passeport, www.passeportsante.net/Fr/Accueil/Accueil/Accueil.aspx

Réseau Canadien de la santé, www.canadian-health-network.ca

Santé et services sociaux Québec, http://msssa4.msss.gouv.qc.ca/fr/sujets/nutrition.nsf

Société canadienne du cancer, www.cancer.ca

Liste des recettes

Index